Lustige Kajakschule

William Nealy

Lustige Kajakschule

Übersetzt und bearbeitet
von Peter Bongartz

Pollner Verlag

Gedruckt auf chlorfrei gebleichtem Papier (Zellstoff). Bei dieser chlorfreien Bleiche entstehen keine organischen Verbindungen mit Spuren von Dioxinen und Furanen. Dadurch werden die Abwasser nicht mit diesen Giften belastet.
Umschlag: Chlorarm gebleicht

Impressum:

Titel der amerikanischen Originalausgabe
William Nealy – Kayak

Printed in the United States
Published by Menasha Ridge Press

Deutsche Übersetzung und Bearbeitung: Peter Bongratz
2. Auflage 1992

Rotdornstraße 7, D–8042 Oberschleißheim
Dieses Buch wurde in Zusammenarbeit
mit Menasha Ridge Press herausgebracht

Satz: Sylvia Seyfried, München
Repro: Pollner Verlag, Oberschleißheim
Druck: Offsetdruck Braunstein, München
Bindung: Sellier Druck, Freising

ISBN 3–925660–12–7

Für Sheridan Anderson

1945 (?) – 1984

A mind is a terrible thing to waste
– unless you do it right

Guide Saying

Frei übersetzt:
Es ist schrecklich, den Verstand zu verlieren,
es sei denn, man machts auf die richtige Art.

Vorwort

Wildwasserfahren ist eine phantastische Sportart. Durch ihre Vielfältigkeit ist für jeden Geschmack und jedes Können ein hohes Maß an direktem, persönlichem Naturerlebnis »erfahrbar«. Selbst beste Ausrüstung ersetzt aber nicht die subjektive Frage der Befahrbarkeit. Gegen Wasser kann man nicht ankämpfen, Kajakfahren nutzt die Kräfte des Wassers. Alles muß mit eigenem Auge bewertet und selbst befahren werden.

Für ein optimales und sicheres Erleben des Elements Wildwasser wird je nach Flußschwierigkeit ein bestimmtes Maß an Fahrkönnen und, noch wichtiger, Fahrpraxis benötigt. Die Technik ist leicht erlernbar, es gibt genügend Vereine, Kajakschulen und exzellente Literatur für den gesamten Bereich des Wildwasserfahrens.

William Nealy's Kajakschule wiederholt nicht die Anfängertechnik, nein, es ist ein völlig neues Buch mit den wichtigen Tips und Tricks aus der Praxis. Wie befahre ich diesen Fall . . ., wie komme ich aus der Walze . . ., wie sichere ich am Fluß . . . und viele Fragen mehr werden kurz und präzise beantwortet. Nealy's einfallsreiche, witzige und sich auf's wesentliche beschränkende Illustration ist dabei oft deutlicher als viele Worte.

Alle Tips sind selbst »erfahren«, Nealy will nicht lehrmeistern, seine Erfahrungen sollen helfen, Wildwasserfahren sicherer zu machen. Sein Buch ist aber keine Hirnverpflanzung, letztlich hängt doch der eigene Kopf im Wasser. Ein mit Freude erlebter Fluß, egal mit welchem Schwierigkeitsgrad, ist Ziel des Wildwasserfahrens, nicht die Horrorgeschichte am Lagerfeuer. Jeder ist für sich und seine Gruppe verantwortlich, es liegt beim Einzelnen, durch eigene Erfahrung zur Sicherheit beizutragen.

INHALTSVERZEICHNIS

Daumenkino: Halte das Buch in der rechten Hand und lasse dann die Seiten von hinten nach vorne über Deinen Daumen blättern (Start auf Seite 129).

Die flache Nahkampfrolle

Paddeln oder nicht paddeln, das ist hier die Frage:
Ob's edler im Gemüt, den herzlosen Spott, den lauten Hohn
der couragierteren Paddler erdulden, oder nutzlose Stützen
zu setzen gegen übermächtige Wassermassen, ohne zu rollen,
dann ertrinken. Sterben, nicht mehr paddeln, oder Umheben,
die Wirbel und tausend spitze Felsen umgehen, das ist ein Ziel
auf's innigste zu wünschen. Umtragen, paddeln oder
doch nicht paddeln, vielleicht kentern, da liegt der Haken.

. . . möge William »nicht Bill« Shakespeare
uns diese Anleihe verzeihen.

EINLEITUNG

Ein paar SO und SO NICHT des fortgeschrittenen Kajakfahrens:

SO: *Sei locker . . .*

Verkrampfter Paddler – kämpft mit dem Fluß, steif und wacklig und kentert bei der kleinsten Welle, braucht Bier oder Valium.

Entspannter Paddler – arbeitet mit dem Fluß. Kajak und Körper arbeiten mit den Strömungen.

»Sei locker« ist die schwerste Aufgabe auf dem Weg des fortschrittlichen Kajakfahrens. Bist Du nicht locker, dann kann's Dir schlecht ergehen.

SO NICHT: *Schreien und brüllen auf dem Bach, ohne daß jemand in Gefahr ist oder vom »Wilden Mann« geholt wird. Es ist wirklich nicht notwendig, dieses »Rumgebrülle«.*

SO: *Laß Anglern ihre Ruhe. Brüll nicht »Viel Glück«, es stört nur.*

SO: *Sei so frei und umtrage jede Stelle, bei der Du Dir nicht ganz sicher bist. Die Regel lautet: Hab' Spaß und tu Dir nicht weh. Wenn Deine Freunde Dich deswegen schief ansehen, dann such' Dir andere . . .*

SO NICHT: *Verdirb's Dir und anderen nicht mit den Einheimischen . . .*

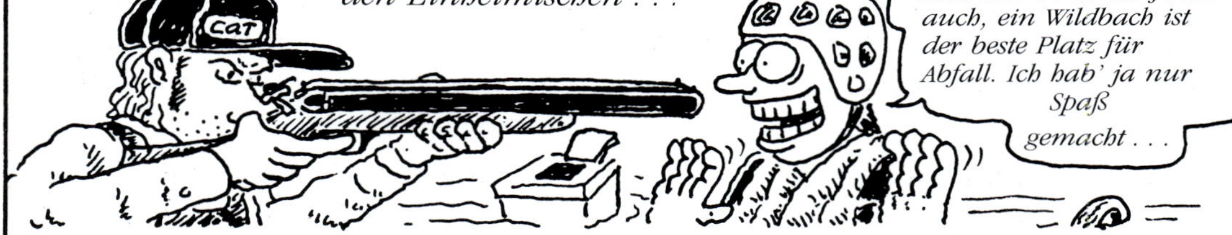

SO NICHT:
Quäk' nicht rum:

ANGST

Ob Du es glaubst oder nicht, irgendwann bekommt auch der beste Paddler Angst, es sei denn, er hat ein Brett vor dem Kopf. Angst ist völlig natürlich und eine Reaktion auf Furcht vor Verletzung und/oder Schaden. Sieht man ein, daß Wildwasser für Menschen gefährlich sein kann, dann ist klar, daß wir lernen müssen mit unseren Ängsten umzugehen. »Gute Angst« läßt Dich nachdenken. Sie gibt Dir die Kraft, zu umtragen oder die Konzentration, eine Stelle zu befahren, von der Du dachtest, Du schaffst sie nicht. »Schlechte Angst« erzeugt Panik, erhöhten Pulsschlag, irrationale Entscheidungen (»Das pack' ich schon«, obwohl Du es besser lassen solltest, usw.). Menschen, die extreme »schlechte« Angst erfahren (a.b.a. »vom Wilden Mann umzingelt« oder »zusammenklappen«), können in einen Schockzustand gelangen, der durch Benommenheit, Sprachlosigkeit, körperliche Lähmung usw. erkannt werden kann. Gefährlich wird's, wenn so etwas im Kajak passiert. Das eigene Können läßt schlagartig um Klassen nach, ohne daß die Freunde dieses Risiko gleich ahnen. Schockartige Angst ist die Art, wie Dein Gehirn Deinem Bauch mitteilt: »Fahr ruhig runter, aber ohne mich, ich mach Pause!« Hast Du das Gefühl, eine Stelle nicht kontrolliert zu befahren, dann stimmt das meist. Lerne mit Deiner Angst umzugehen und umtragen, wenn Du zuviel Angst fühlst!*

Angstskala für Paddler:

Zombie-Faktor 1: Wenn Du glaubst, Du stirbst, dann wird's schon so sein.

Zombie-Faktor 2: Die Zeit für's Anschauen einer Walze ist direkt proportional zur Zeit, die Du drin aufgemischt wirst.

Zombie-Faktor 3: Die Menge an Spucke, die Du rauskriegst, ist umgekehrt proportional zur Wahrscheinlichkeit, daß Du nicht durchkommst. (Oder: Kannst Du nicht spucken, kannst Du doch tragen.)

** a.b.a. = auch bekannt als ...*

KAJAK-ANATOMIE

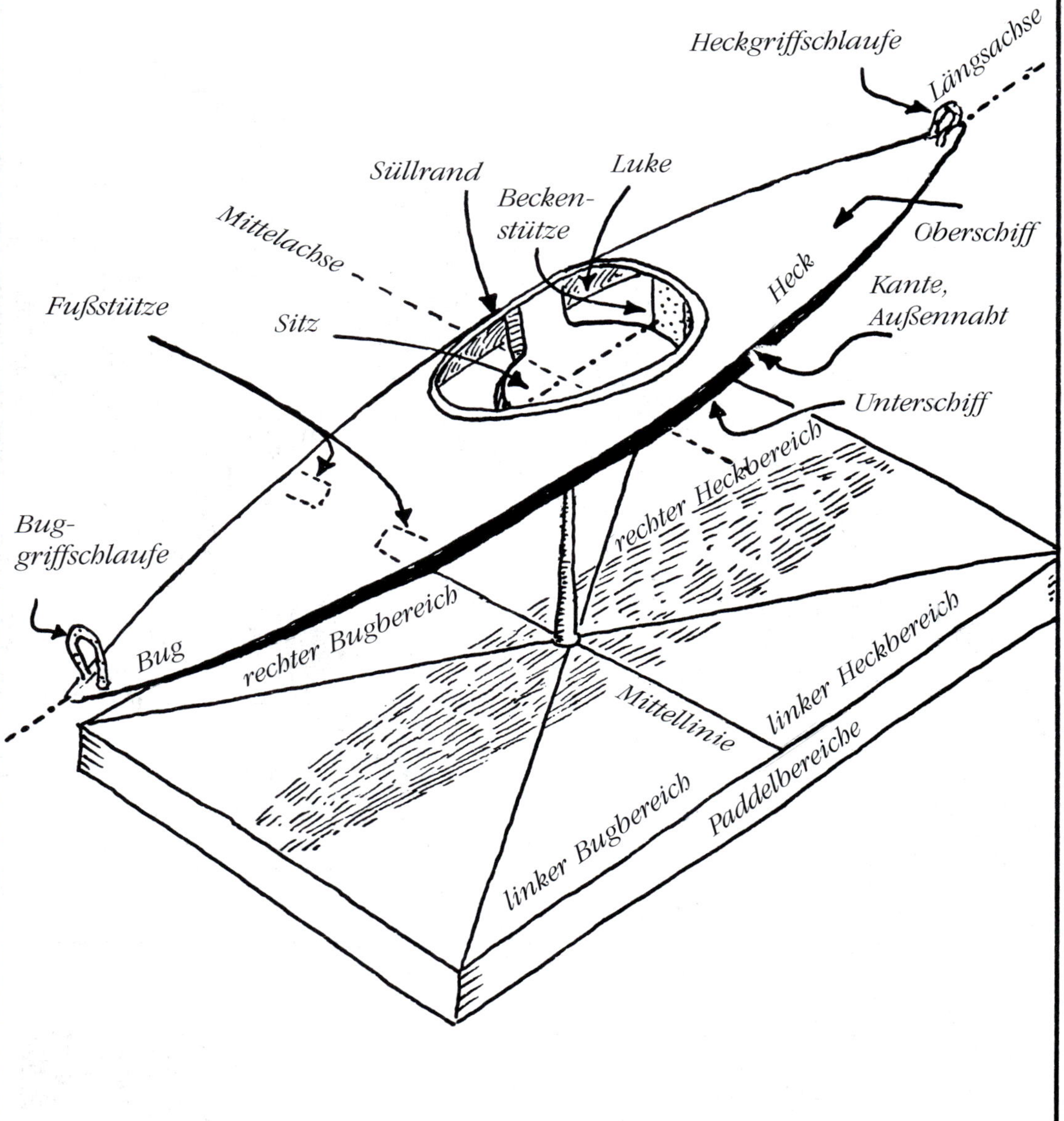

FLUSS – ANATOMIE

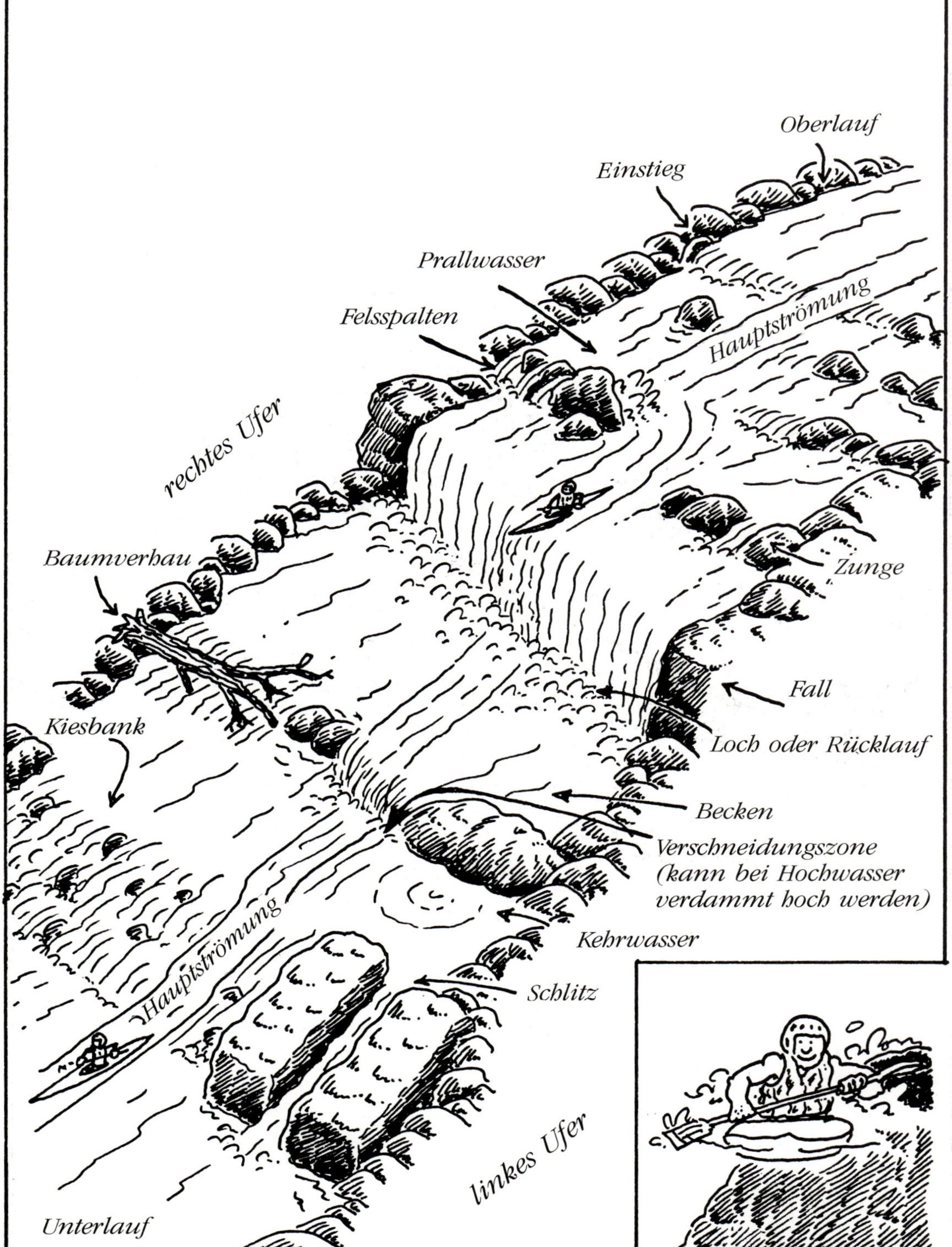

PADDELKÜNSTE
(oder »Die neuesten Tricks der Cracks«)

Gute Paddler(innen) spielen ihren ganzen »Körper« im Konzert mit dem Wildwassergerät aus und erreichen so eine Harmonie mit dem Fluß.

Anatomie eines Paddlers:

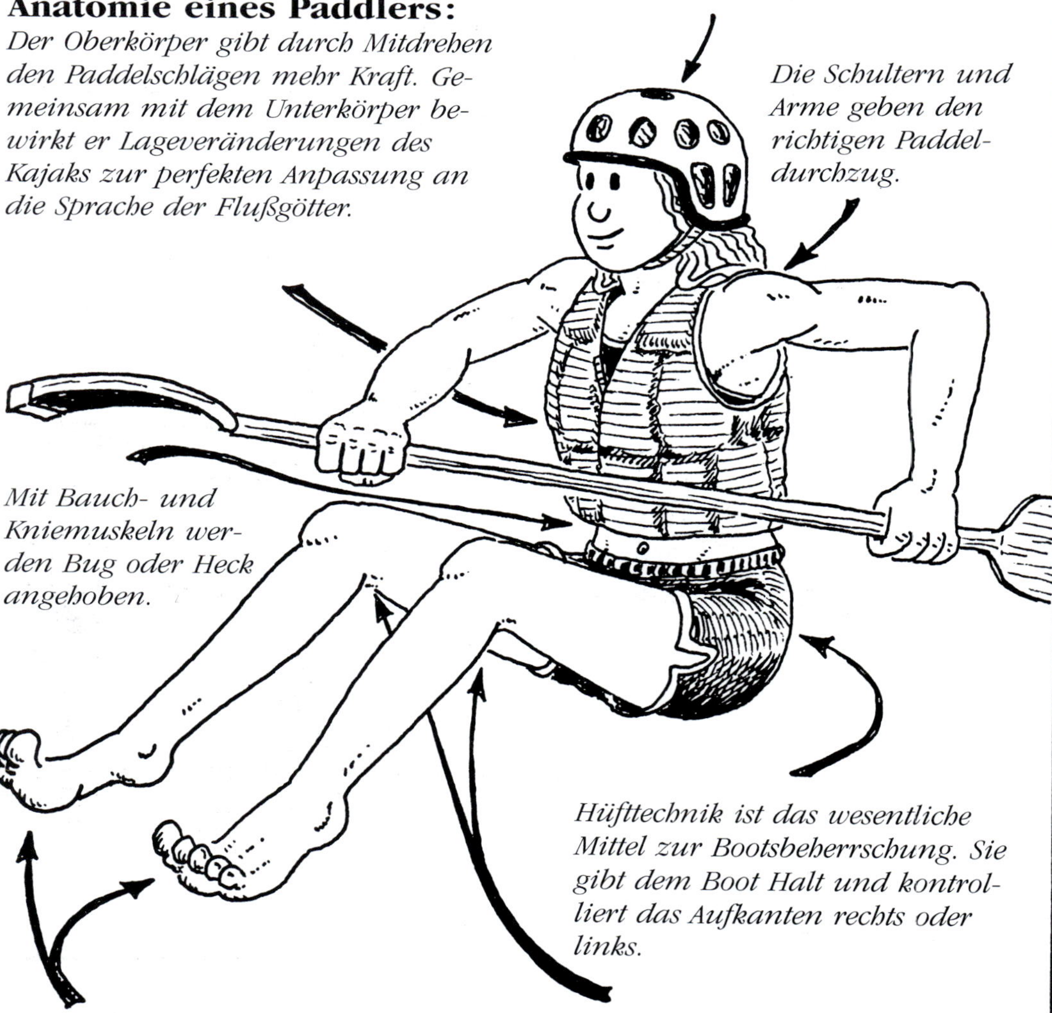

Der schnelle Vorwärtsbogenschlag – Deine Hände halten das Paddel etwa in Ellenbogenabstand. Beginnt man rechts, dann zieht Deine rechte Hand das Paddel durch's Wasser. Dabei dreht sich Dein Oberkörper von vorne mit. Der linke Arm drückt etwa in Gesichtshöhe den Paddelschaft vor. Etwa in Hüfthöhe solltest Du das Paddelblatt ausheben, Deine linke Schulter geht vor und der gestreckte linke Arm setzt das Blatt zum Durchzug ein. Auch hier unterstützt Dein nun nach links drehender Oberkörper die Paddelbewegung. Achte darauf, Dein Blatt nicht über Schulterhöhe auszuheben.

Der Rückwärtsbogenschlag wird genauso durchgeführt, nur halt alles rückwärts. Das Paddelblatt wird dabei nicht um 180° gedreht!

Der Surfschlag – Um eine schöne Surfwelle zu halten, solltest Du den Oberkörper ruhighalten, dafür mußt Du mehr aus den Armen heraus paddeln, die Paddelbewegung wird dadurch etwas kreisförmiger.

Flache Paddelstütze zum Kehrwasserfahren – Mach einen starken Bogenschlag, durchstoße die Verschneidungszone und stütze Dich flach mit der Blattrückseite auf das Kehrwasser. War es richtig, dann gibt das eine 180°-Drehung.

Die flache Stütze beim Walzenreiten – Fang Dich mit flach geführtem Blatt ab und lass' dann Dein Paddel nach vorne gleiten. Dabei drehst Du Dein Blatt langsam bis zur Senkrechten und machst einen Vorwärtsschlag, usw. Bei stark schäumendem Wasser mußt Du etwas schneller arbeiten. Das ist die beste Methode eine Walze zu verlassen.

Der Konterschlag – Eine Kombination aus einer flachen Stütze und Rückwärtsschlag. Das Paddel wird hinten mit der Rückseite aufgestützt und Du drückst Deinen Oberkörper gegen den Druck weg. Das Boot wird zur Stützseite gekantet und vollführt eine 90°-Drehung. Ein Vorwärtsschlag auf der Gegenseite beendet die Drehung. In sehr schnellem Wasser ist das ein sicheres Drehmanöver.

Die letzte Rettung – Nützlich für dynamische, plötzliche Richtungswechsel und schnelle Reaktionen auf unvorhergesehene Hindernisse, eine Kombination aus Vor- und Rückwärtsschlag auf gegenüberliegenden Seiten. Die Paddelfolge ist dabei kurzfristig schneller, mehrere kräftige, schnelle Schläge statt sauberer Paddelbewegung, dafür aber sehr effektiv als letztes Ausweichmanöver. Auch auf Pilzen im Wasser ist diese Technik sehr nützlich.*

** Ein Rückwärtsschlag ist hier wirklich nur ein kurzer kräftiger Konterschlag.*

Flaches Kontern – Diese Technik ist sehr gut für's surfen großer und unsteter Wellen. Das Paddel wird flach geführt, bleibt meist im Wasser und wird mit Druck aus dem Oberkörper geführt. Dabei liegt das Unterschiff entweder flach auf der Welle (Gleiten), oder das Boot wird nach oben zum Wellenberg gekantet (Kanten).*

** Alle Paddelstellungen sind erlaubt, der Spaß an der Akrobatik steht im Vordergrund.*

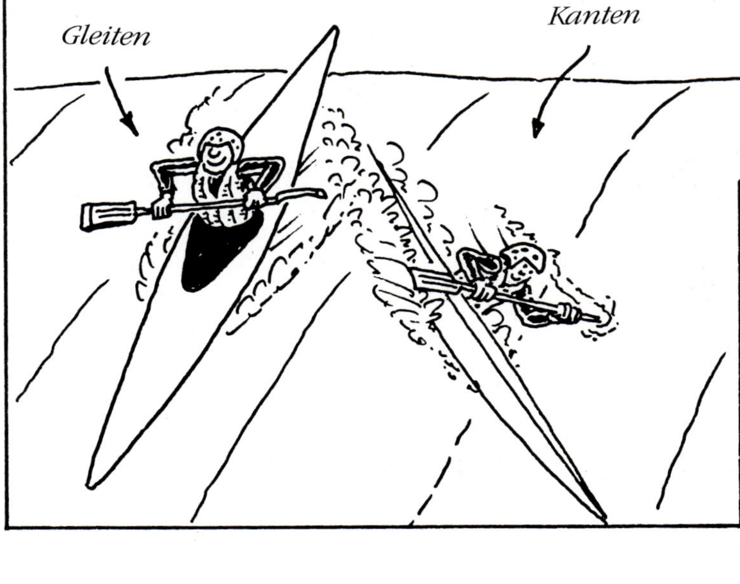

Das Gleiten und Kanten auf der Welle kontrolliert hauptsächlich der Unterkörper (Hüfte, Oberschenkel und Knie), in Verbindung mit dem Druck des Oberkörpers gegen das Paddelblatt. Gleiten auf einer Welle und in einer Walze ergibt etwa das gleiche, relativ zum Ufer bleibt man stehen. Kanten ist auf einer Welle aber ganz anders als in einer Walze. Kantest Du auf einer Welle, dann reißt die Strömung das Boot flußabwärts.

Kantest Du in einer Walze stark auf, dann drückt der flußauf fallende Wirbel das Boot tiefer in's Loch. Wenn Du also in der Walze reiten möchtest oder tiefer rein willst, okay! Die beste Stelle zum Verlassen der Walze ist aber die Gleitstellung des Unterschiffs zum rückströmenden Wirbel. (Geringster Widerstand)

Willst Du seitwärts aus einer Walze rauskommen, dann leg das Unterschiff flach zur Walzenoberfläche. Dazu brauchst Du viel Kraft aus der Hüfte, denn Dein Oberkörper muß das Gleichgewicht halten. Zieh- und Wriggschläge nah am Boot im abströmenden Wasser ziehen das Boot aus der Walze.

Bootssprünge

Kerzen bauen, Männchen machen, Loopings usw. mit dem Kajak brauchen viel Wasserdruck auf das Deck. Das Kajak muß senkrecht ins abfallende Wasser einstechen, der Staudruck der Walze und der Bootsauftrieb machen dann den Rest.

Kajakfahren in der Senkrechten braucht viel Bootskontrolle durch Oberkörper- und Hüfttechnik. Die Gewichtsverlagerung des Oberkörpers bestimmt die Art des Auftauchens, weite Rücklage führt zu guten Kerzen, während Vorlage einen Looping ergibt (siehe oben).

Weite Rücklage und sprichwörtliches »auf der Fußstütze stehen« bringt meist eine saubere Kerze oder »Ständer« mit normaler Landung.

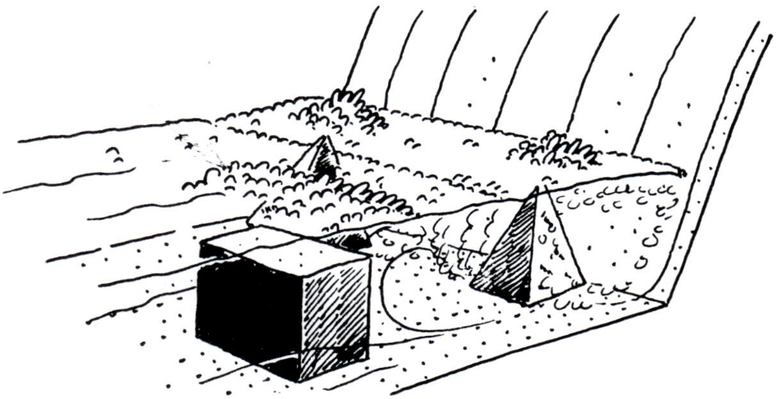

Hydro-Topographie

(oder »die Kunst, das Wasser zu nutzen«)

Für uns Kajaker sind Katarakte die Orte, wo ein Fluß von einer zwei- in eine dreidimensionale Umgebung übergeht. Nach der Einfahrt in einen Katarakt verläßt Du eine glatte Wasserlandschaft. Von nun an befindest Du Dich fest in einem an Dir zerrenden Element. Hier sind Wellen die Berge, Verschneidungen die trügerischen Spalten und Löcher die Cañyons. Hier trennt sich die Spreu vom Weizen. Wer den Flußlauf lesen kann und daraus auf die Vorgänge unter Wasser deuten kann, behält die Kontrolle. Das entscheidet über den Ausgang einer Befahrung, manchmal sogar über Leben und Tod. Jeder neue Katarakt ist wie eine neue, fremde Maschine, Du sollst sie bedienen, aber die Betriebsanleitung fehlt. Es kann eine Nähmaschine sein, ein Walzwerk oder ein überdimensionaler Fleischwolf. Einen Katarakt sehen und zu verstehen, was über und unter Wasser abläuft, macht einen fortgeschrittenen Kajakfahrer aus.

Stell Dir einfach vor, ein Fluß ist wie ein riesiges Förderband, welches mit hoher Geschwindigkeit über und unter Wasserrollen läuft. Das Band streckt und drückt sich, zieht Dich dabei mit und treibt die Rollen an.

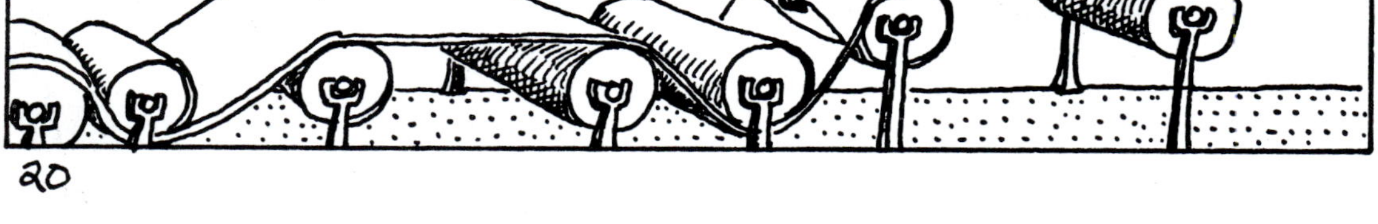

Walzen und Löcher machen von allen Wildwasserformen immer noch den größten Eindruck auf den Paddler. Man kann nach unterschiedlichsten Walzen und Rückläufen unterscheiden. Letztere sind für den Kajakfahrer die gefährlicheren. Der Mechanismus ist aber grundsätzlich ähnlich, egal ob es ein vielleicht lebensgefährlicher Rücklauf oder Deine Lieblingsspielwalze ist. Der Unterschied liegt in der Wassermenge und in der Befahrungssicherheit. Wie dem auch sei, zur Erklärung reicht es erst einmal, daß eine Walze oder ein Rücklauf ein »gut belüfteter« Rückfluß von Wasser um die Horizontale ist (ein Kehrwasser wäre demnach ein »nicht belüfteter« Rücklauf um die Senkrechte). Jede Walze ist anders und, so wie die mondsüchtigen Kajaker, welche sich in alles reinstürzen, hat jede ihre eigene Persönlichkeit. Unten ist das Schema einer Walze am Förderbandmodell erklärt . . .

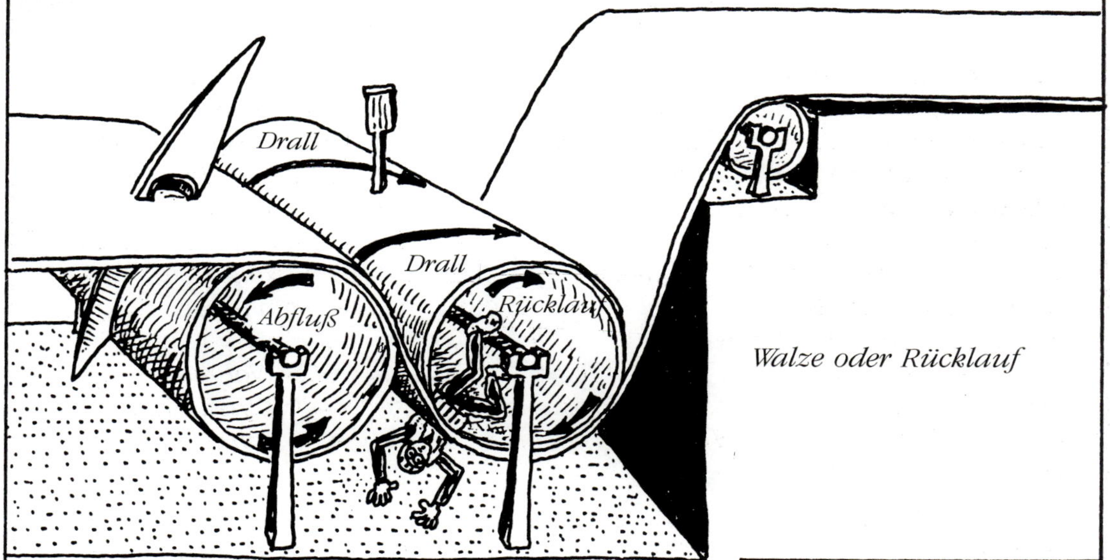

Der Drall, den fast alle gleichmäßigen Löcher erzeugen, ist die Strömung an der Walzenoberfläche. Eine gewisse Menge des Wassers, das über eine gleichförmige Stufe fällt, erzeugt diesen Rückschwung. Alle möglichen Einflüsse können Veränderungen bringen (Fallwinkel, unregelmäßige Stufenform, Untergrund usw.). So kann es z. B. zum Pilzen kommen (meist ein sicheres Zeichen für Gefahr).

Als Beispiel eine Stufe die mit 45° schräg zum Fluß steht. Der Hauptdrall des Rückflusses ist hier fast immer in Richtung des spitzen Winkels am Ufer zu finden. Ein Paddler, der bei (A) in die Walze eintaucht wird also konstant nach rechts gedrückt, und, wenn es die Umstände (Walzenauslauf, Ufer- bzw. Flußverbau) zulassen, kann er die Walze bei (B) sicher verlassen.

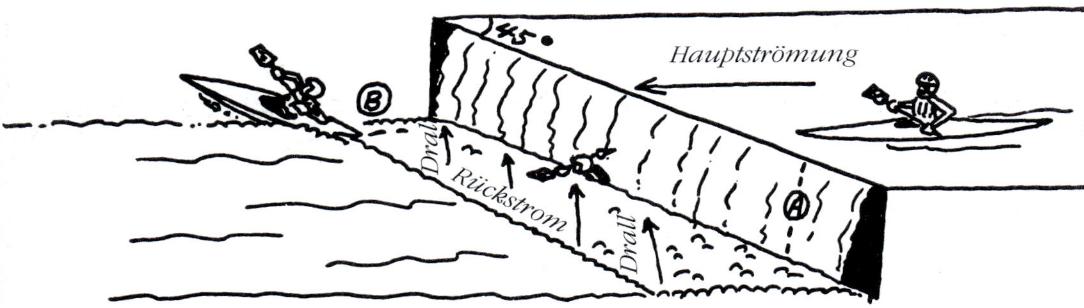

Dieser Drall kann auch als Auslaßrichtung einer Walze gesehen werden, also kann man sich darauf einstellen. Der Paddler im Beispiel oben muß auf eine Stütze links vorbereitet sein, dann folgt ein Absurfen der Walze bis zum Auslaß (Abreiten). Genauso könnte man rechts einfahren und das ganze vermeiden. Paddler (A) fährt vorbereitet auf den Drall (von links nach rechts) in die Walze ein. Er stützt und kantet links und surft rechts raus. Paddlerin (B) will die Walze durchstechen. Sie fährt genau parallel zur Drallrichtung in die Walze ein und vermeidet damit ein Abdrehen des Kajaks nach rechts.

Mit Kraft durchstößt sie die Walze, so wird sie nicht abgelenkt, vermeidet also ein Querschlagen.

Wie erkennt man die Drallrichtung einer Walze?
(1) Beachte den Hauptabfluß. Gewöhnlich ist das die Drallrichtung der Walze.

Beim Runterschauen siehst Du den Hauptabfluß unten in der Mitte. Du weißt sofort: (A) Aller Rückfluß links der Mitte dreht nach rechts zur Mitte. (B) Alles rechts der Mitte dreht nach links. (C) In der Mitte wartet ein turbulentes V-Loch. Du entscheidest Dich für die Mitte . . . Natürlich bleibst Du mit dem Hintern in dem Loch sitzen, Du hast vergessen, wie hinterlistig V-Löcher sein können und warst zu langsam.

Etwas über V-Löcher: *Wo zwei gegenläufige Drallrichtungen zusammenkommen, entsteht so etwas Unangenehmes wie eine gigantische Klo-Spülung. Die Drallrichtung wechselt chaotisch, das Wasser ist bestens belüftet und Dein Boot (und Du mit) gehen meist ohne viel zu tun in weniger als einer AKC-Sekunde in Kenterlage.*

* *Merke: Linksdrall drückt Dich nach links, Rechtsdrall nach rechts.*

Das Beste an einem V-Loch ist: Vermeide es! (Oder Du bist Paddel-Freak und stehst auf Rückwärtsüberschläge und harte Walzenritte.) Wie dem auch sei, stehst Du vor einem V-Loch, dann bereite Dich schleunigst auf ein Durchfahren knapp links oder rechts vom Schlund vor. Stell Dein Boot parallel zum Drall und stoße mit hoher Geschwindigkeit durch den Rücklauf. (Vergiß bloß nicht zu paddeln!) Siehe auch (A) oder (B).

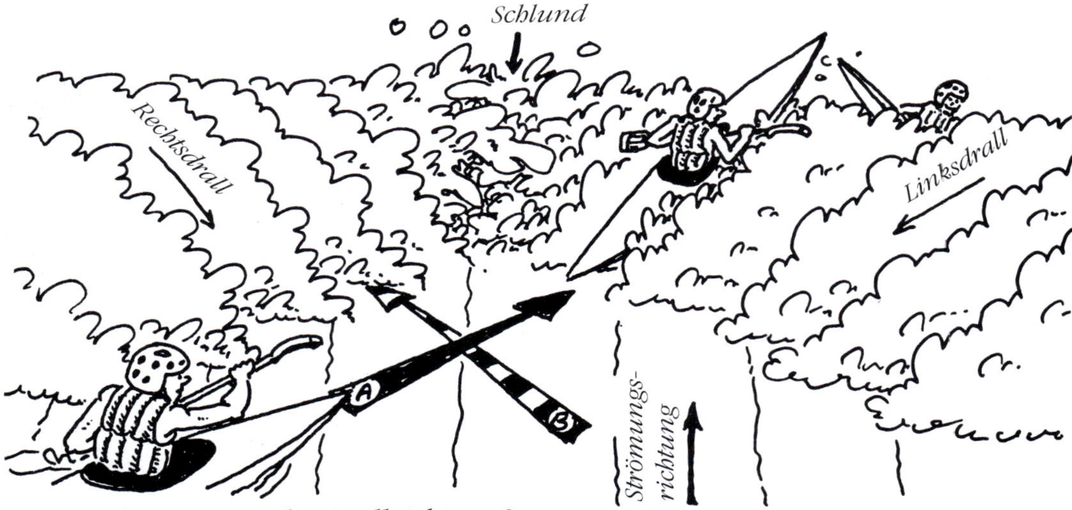

Wie erkennt man die Drallrichtung?
(2) Achte auf die Struktur der Walze. (Ist die Kante angewinkelt? Gibt es ein rotierendes »rückläufiges« Kehrwasser? Sind Unterschiede in der Flußtiefe am Einfluß? Sind Ein- und Ausfluß gleich stark?)*

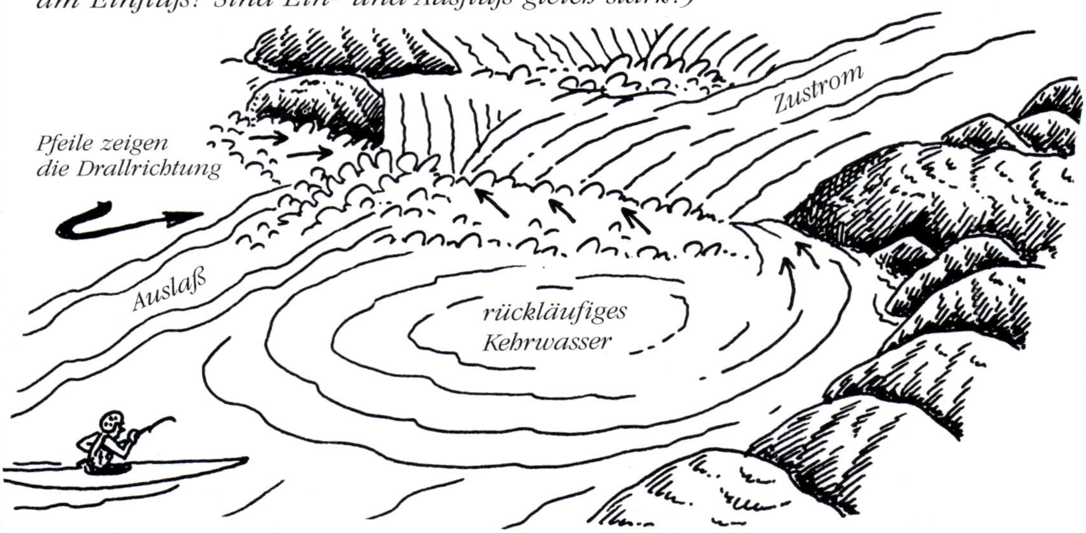

** Ein rückläufiges Kehrwasser in einer Walze »speist« sozusagen die Walze, beschleunigt also den Drall. Ein starkes Kehrwasser links einer Walze deutet auf Rechtsdrall.*

(3) Der beste Weg, den Abfluß einer Walze zu bestimmen, ist der »Dummy-Trick«. Laß einfach jemanden vorfahren. Wird der Dummy nach rechts versetzt, dann hat die Walze Rechtsdrall (und umgekehrt). Findest Du keinen Dummy (versuch's mit: Paßt schon, geht schon! Ich leer' derweil mein Boot! oder: Das packst Du schon, Sabine, ich fotografier Dich!), dann geht es auch mit einem Treibholz oder ähnlichem (Wurfsack? angeseiltes Boot?)

Die unangenehmste Erscheinungsform der Drallrichtung entsteht hinter überspülten Steinen und flußauf gerichteten U-Walzen. In diesen Fällen läuft der Drall immer zur Mitte, es entsteht ein hervorragendes Saugloch (a.b.a. Plumpsklo).

Kennst Du den Drall eines Rücklaufs, dann hilft das auch bei Rettungsaktionen!

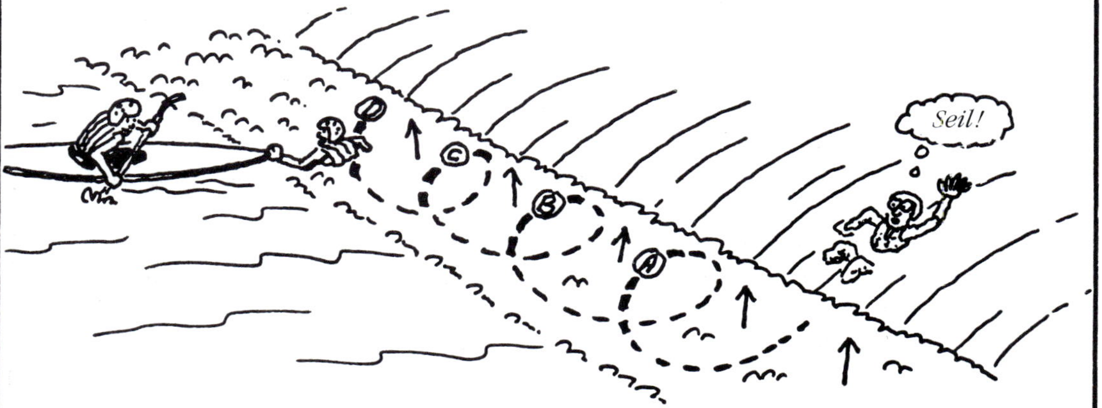

Ein Schwimmer in einem Rücklauf mit Rechtsdrall wird spiralförmig nach rechts gespült. Der Retter kann mit einer Seilfähre von links nach rechts am Rücklauf entlangpaddeln und dort beim Auftauchen in (A), (B), (C) oder (D) zur Stelle sein.

Hängt man in der Walze, dann nutzt man den Drall als einen Extraschwung zum Verlassen der Walze, indem man mit dem Drall paddelt. Möchte man aber weitersurfen, dann muß man gegen die Drallrichtung paddeln.

Weitere Merkmale zur Beachtung: »Wird mich das Monsterloch festhalten und mir mein Hirn durchblasen?« Der »Härte«-Faktor wird bestimmt durch:

1. Ein direkter Aufwärtsdrall (die Walze spuckt regelrecht zurück) in das Walzenloch deutet auf eine unangenehme Walze.
2. Bei starker »Belüftung« * ist der Paddeleinsatz nicht so effektiv.
3. Eine gleichförmig und weitdrehende Walze oder eine flußbreite Walze ist je nach Wasserdurchfluß sehr kritisch.
4. Je steiler die Abfallkanten umso haltkräftiger ist die Walze (Übergang zum Rücklauf).

Die einzig richtige Methode, das richtige Walzenfeeling zu erlernen, ist »ausprobieren«. Fang an kleinen, sicheren Walzen zu spielen, und arbeite Dich hoch (oder durch?). Nach ein paar kräftigen Vollwaschgängen bekommst Du dann schon ein gutes Einschätzungsvermögen.

* Siehe S. 40: Schaumdeuten

Bei Wuchtwasser oder hohen Pegelständen sieht alles anders aus. Die »Härte«-Bestimmung einer Walze nähert sich einem Kult. Allgemein gilt, je weniger Schaum, desto größer Deine Chance, durchzukommen. Eine fast erfreuliche Kenntnis: Nach einer Kenterung zieht es Dich bei viel Wasser meist unter dem Rücklauf durch. Wenn Du bis dahin nicht schon den halben Fluß ausgetrunken hast, dann hast Du gute Chancen, falls Rettung nahe ist. Ausnahmen dieser »Durchzug«-Möglichkeit sind: Breite Abfälle, alle künstlichen Stufen (extreme Rückläufe), weite und steile Abfälle, U-Walzen und Löcher hinter überspülten Steinen. Denk dran: Des einen Paddlers (oder Paddlerin) Spielwalze kann des anderen Alptraum sein.

Abfälle über Gesteinsplatten – Solche Plattenabfälle haben oft nur relativ wenig Wasserüberlauf. Die Platten sind selten glatt, Gestein von unterschiedlichster Art ist abgelagert. Im Lebenslauf eines Flusses kommt es immer wieder zu Ausbrüchen von Plattenteilen, die dann im Unterwasser lagern. Entsprechend ist der Überlauf nicht glatt und das Unterwasser pilzig.

Wichtig zu wissen ist: Plattenbrüche können Dich und Dein Boot verletzen. Also stellt sich die Frage der Befahrung; wenn ja, dann mußt Du den Abfall erst »lesen« und herausfinden: (A) – weisen Plattenbruchkanten aufwärts (Bootsbeschädigung oder Klemmgefahr oder bei Kenterung Verletzungsgefahr); (B) – kommt man drüber, ist das Unterwasser tief genug und sauber (Steckgefahr)?
Zu (A): Weist der Abfall keine glatten Flächen auf, so ist Umtragen besser.

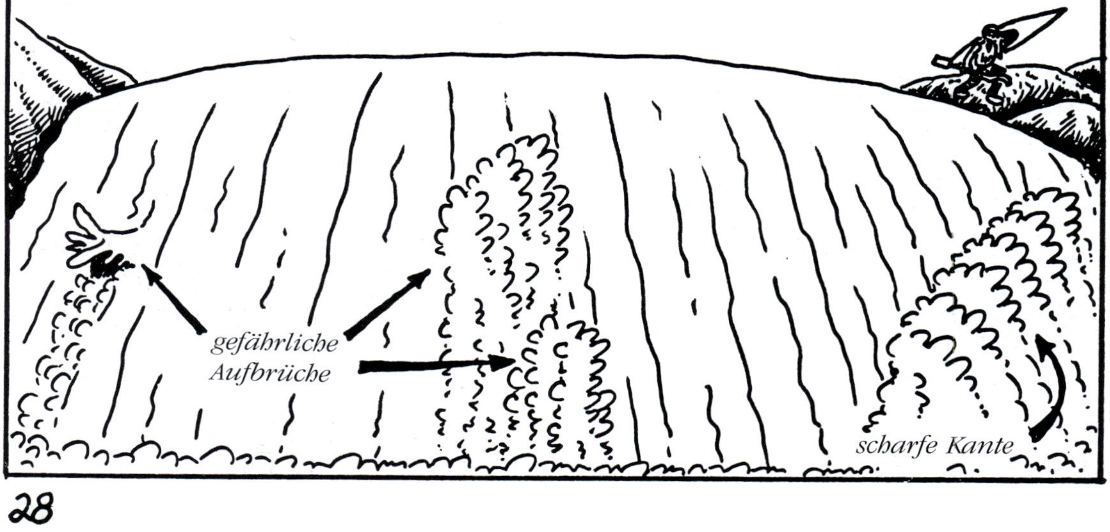

Eine Befahrung sollte auf der glattesten Fläche stattfinden, möglichst senkrecht. Falls Du eine gute Befahrungslinie vorfindest, wird es Zeit, Frage (B) zu beantworten.
Klemmfelsen
Sichere Route
gleichmäßiges, nicht übermäßig schäumendes Loch weist auf relativ tiefes Wasser ohne Verblockung hin
Pilziges Wasser markiert senkrechte Stellen und Blöcke
Wenn Du eine geeignete Route erkannt hast, suche Dir markante Orientierungspunkte, welche Du bei der Anfahrt als Wegweiser nutzen kannst.
. . . vom Kehrwasser Richtung Baum und die Kante eine Bootslänge vom rechten Ufer aus anfahren . . .

Plattenabfälle befährt man wie eine Rutschbahn. Halte den Bug gerade zur Fallinie. Halte Dein Paddel flach, dadurch ist schnelles Stützen möglich. Kurz vor'm Auftreffen wirfst Du den Oberkörper weit nach hinten, das verhindert zu tiefes Eintauchen. (Außer, Du weist genau, daß das Unterwasser frei ist.) Die Anfahrtgeschwindigkeit sollte deshalb auch nicht zu hoch sein. Können zeigt sich hier durch kontrolliertes Eintauchen. (Meistens sind solche Rutschenabfälle ohne kritische Walzen.)

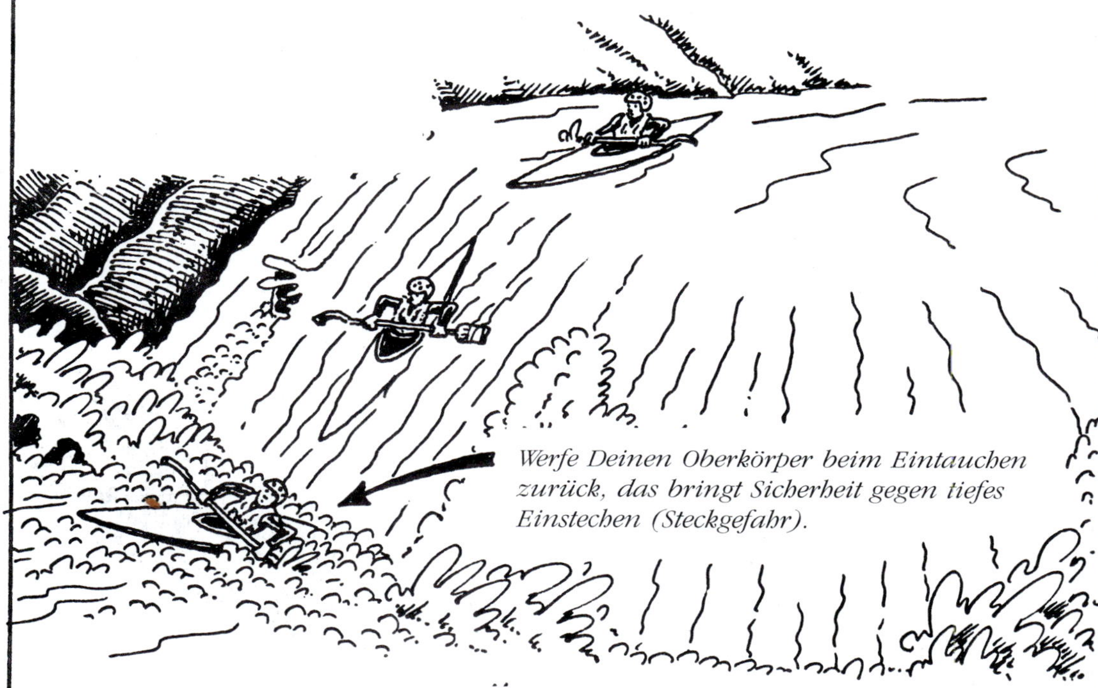

Laß Dein Paddel NIE über den Felsen gleiten, es kann Dir aus der Hand gerissen werden (eine Schulter- oder Armverrenkung ist möglich) und es folgt meist eine spektakuläre Rutschpartie.

Beim Kentern besteht die Gefahr, daß der Oberkörper nach hinten unter das Unterschiff gedrückt wird. Im Fall einer Kenterung auf der Platte: Lege Dein Gesicht in die Armbeuge. So kannst Du eine Rückwärtsrolle ansetzen . . .
Knirsch!
Bei solchen Rückenlagen passieren die meisten Gesichts-verletzungen.
... oder Du reitest die Sache auf Händen und Ellbogen aus, um Dein Gesicht zu schützen...
Daher kommt der Ausdruck »Eins auf die Nase«
Warum immer ich?
... oder Du läßt Dein Paddel los, wendest Deinen Oberkörper und fängst die Schläge mit Deiner Schwimmweste ab.

Verschnittene Abfälle – Verschneidungen in Abfällen entstehen meist bei V-förmigen Abfallkanten. Wo beide Wasserfälle zusammentreffen, fließt einer über den anderen, eine Verschneidung (Falte) entsteht.

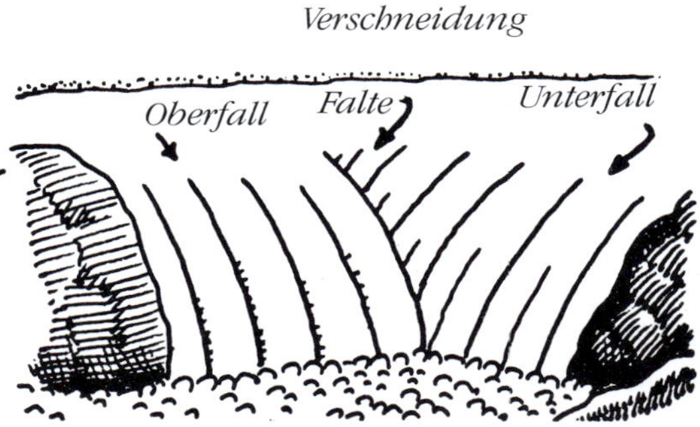

Solange nichts dagegen spricht, wählt man zur Befahrung den Überfall. Es gibt mehrere Abfahrtsmöglichkeiten an verschnittenen Abfällen, abhängig von der Form, der Größe, der Wassermenge und der Verwalzung im Unterwasser. Dort wo beide Verschneidungen unten aufeinandertreffen, entsteht ein gemein aussehendes Loch.

Oft sind die Walzen trotz allem relativ sicher, da die Rückläufe keine gemeinsame Richtung haben (was dann verstärkend wäre).

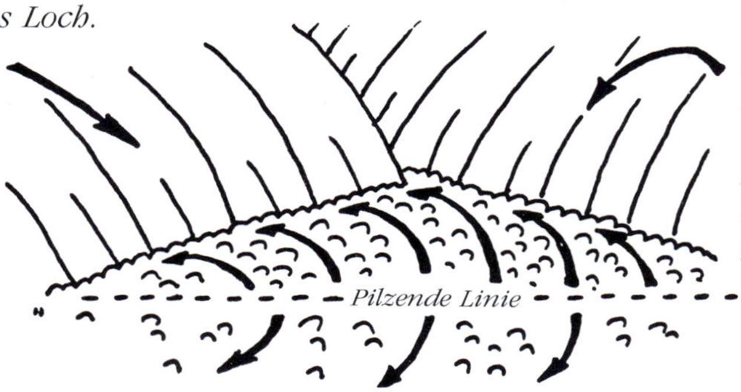

Meistens zeigt der Walzendrall zum stärkeren Fall hin.

Das Unterwasser ist meist sehr wild, pilzig und bestens belüftet. Solange keine Felsenkammer den Rücklauf verstärkt, sind Kenterungen bei guter Sicherung meist nicht allzu kritisch.

Ein Paddler auf der direkten Route (geradlinig auf dem Überfall) taucht tief ein, wird aber vom Rechtsdrall zum starken Abfluß gerissen und verläßt das Loch rechts.

Er bemerkt den Rücklaufdrall von links nach rechts und stützt richtig auf der linken Seite.

Das Loch kann auch vermieden werden, man schneidet einfach mit hoher Geschwindigkeit den oberen Abfall.

Sollte eine Befahrung des Überfalls nicht möglich sein (es sei denn, Du willst es anders), dann befahre als Alternative den Unterfall. Vermeide die Verschneidung, und falls der Rücklauf nicht gefährlich ist, befahre den Unterfall in der Mitte. Wahrscheinlich drückt es Dich dann in die Walze des Überfalls, die aber meist einen guten Abfluß hat.

Wenn Dir alles nicht paßt und Du lieber die Verschneidung willst, schau selbst:

Große Abfälle, Wasserfälle

Es gibt etwa gleich viele Arten von Wasserfällen, wie es Wasserfälle gibt. Jeder ist anders und alle haben, wie die Leute die sie befahren, manchmal ihre bizarre Persönlichkeit. Jeder zelebriert vor der Befahrung ganz eigene Rituale. Manche umtragen einfach, andere werden ekstatisch, wieder andere (wer nicht?) werden zum Zombie, manche setzen sogar noch ein Stoßgebet ab.*

Um Klarheit zu schaffen, hier ein paar Fragen:

*(1) Gibt es eine klare Befahrungslinie? (2) Schaffe ich diese Linie auch? (3) Komme ich unten aufrecht und einwandfrei an? (4) Ist das Unterwasser tief und frei, so daß ich nicht steckenbleibe oder mir meine Knochen breche? (5) Wenn ich dann unten im Loch bin, schaffe ich es, bis Weihnachten wieder raus zu sein? (6) Falls es mich semmelt, wie schaut die Rettung aus? (7) Wie schaut's flußab aus? Könnte ich das ohne Gefahr abschwimmen? Und letztlich (8) Bin ich physisch o.k. für eine Befahrung? (Zombiefaktor 1**)*

Kann ich alle Fragen defenitiv mit JA (oder definitiv mit VIELLEICHT) beantworten, dann befahre ich den Fall (es sei denn, es gibt Regen oder ich umtrage). Ist da ein NEIN oder zu viele VIELLEICHT, wird umtragen. Wie alle Paddler habe ich eine natürliche Abneigung gegen Umtragen und feige dreinzuschauen, aber, nach längerer Erfahrung bin ich zu dem Schluß gekommen, lieber gesund und feige als tot oder ein verletzter Held. Wildwasserfahren macht viel Spaß, aber, nicht nur Fliegen ist schöner . . .

* *Zur Vereinfachung soll hier alles über 2 m als Wasserfall oder Abfall gelten.*

** *Zombiefaktor 1: Wenn Du glaubst, Du stirbst, dann wird es wahrscheinlich so sein (siehe Seite 5).*

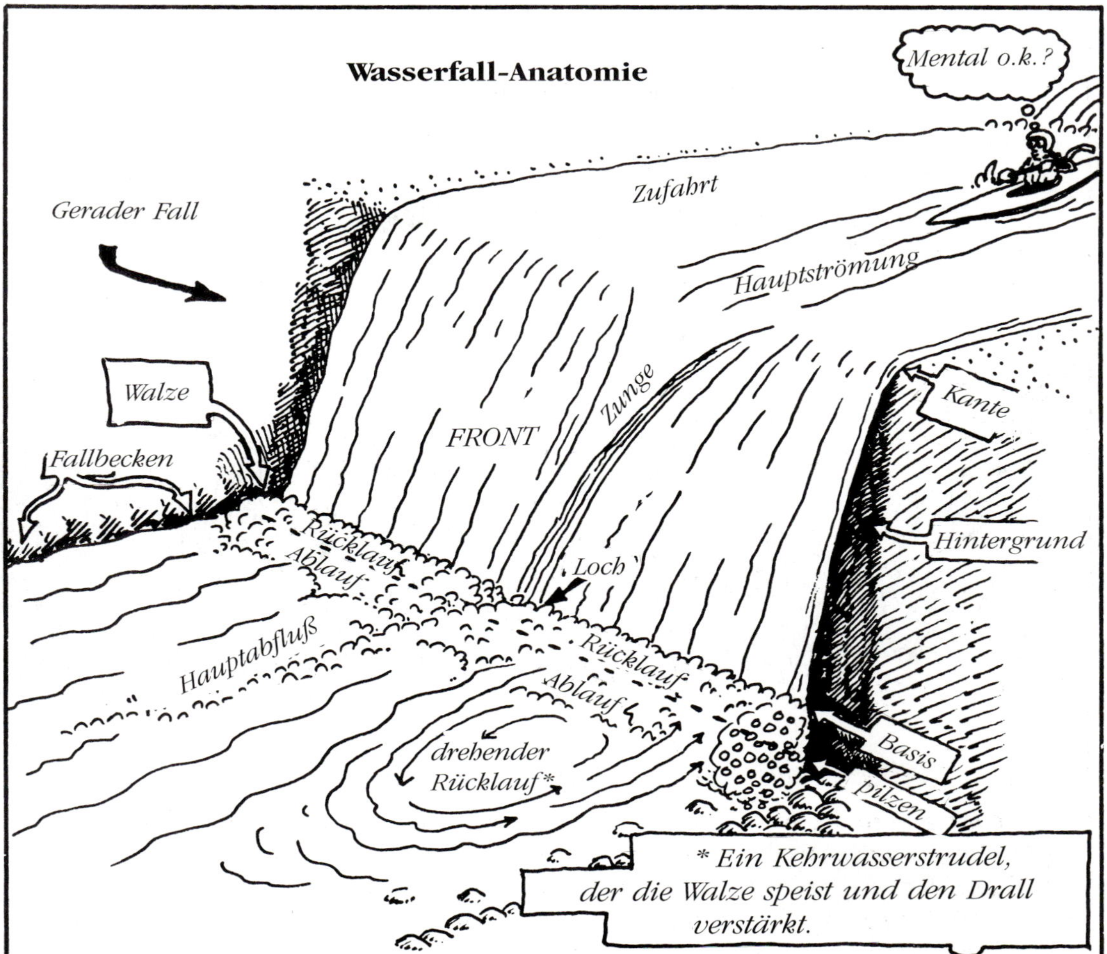

Das ist die einfachste Form eines Abfalls, gerade Kante, gleichmäßig fallendes Wasser, keine riesigen Wassermassen und ein tiefes Fallbecken. Die schnelle Hauptströmung erzeugt eine Zunge, welche die Walze durchbricht. Die Walze selbst tendiert zur Mitte hin zu drehen, dort entsteht ein starker Abfluß. Wo die Zunge eintaucht, ist ein Loch, da ist die höchste Fallenergie. Hier ist entweder der stärkste Bereich der Walze (oder des Rücklaufs) oder eine klare Abflußlinie (beste Befahrungsstelle). Alles ist variabel, aber es gibt immer ein Oben und Unten, und ein großes Loch (oder schlimmer).

Wasserfall-Klassifizierung:

Gerader Fall

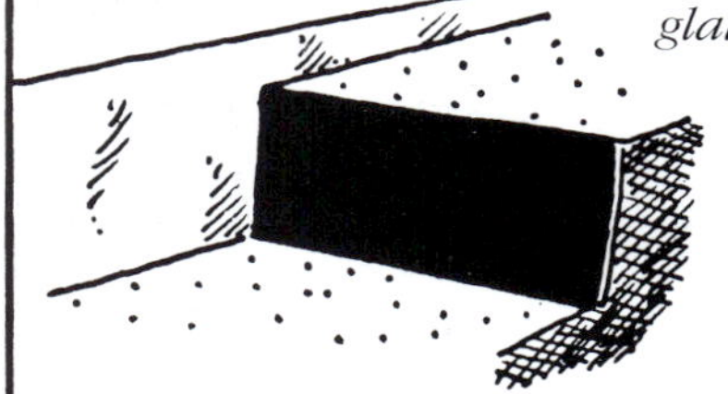

Gerader Fall – glatte, gerade Kante, glatte (nichtschäumende) Front und ein einfaches Loch unten. Das Wasser fällt frei in das Becken. Achte auf Hinterspülungen, dabei entstehen Rückwalzen in der Aushöhlung.

. . . mit H_2O

V-Fall, flußab

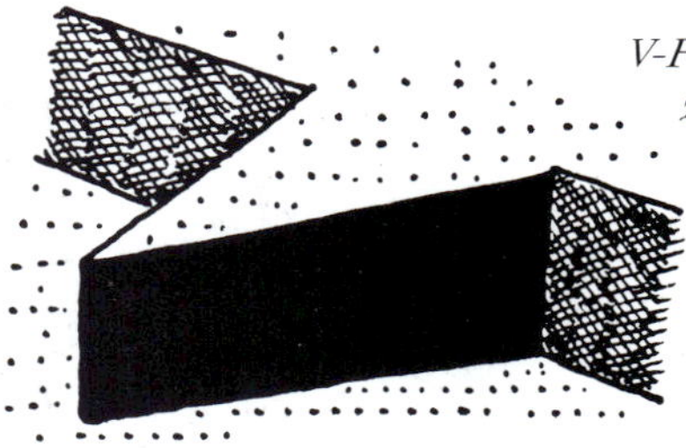

V-Fall, flußab – Die Walze dreht zur V-Spitze, bei genügend Unterwasser fährt man am besten über die Spitze.

V-Fall, flußauf

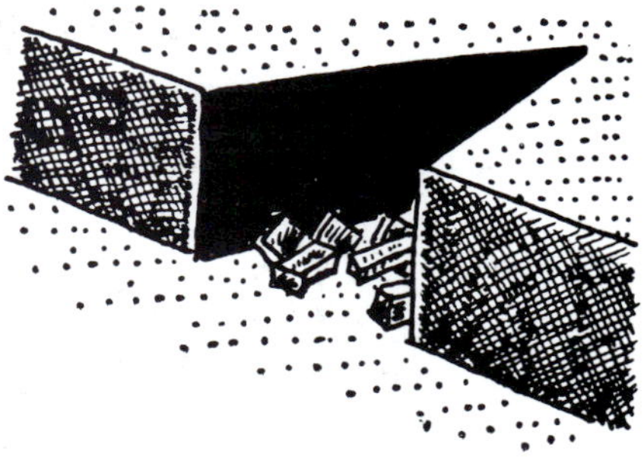

V-Fall, flußauf – erzeugt sicher einen verschnittenen Abfall mit einem bösen, rückläufigen Loch in der Mitte. Vorsicht vor Blöcken im Unterwasser.

Gebrochener Fall

Gebrochene Fallinie – Die unregelmäßige Fallinie erzeugt Verschneidungen, Rückläufe und Pilze . . . vorsichtig erkunden, meist Steckgefahr!

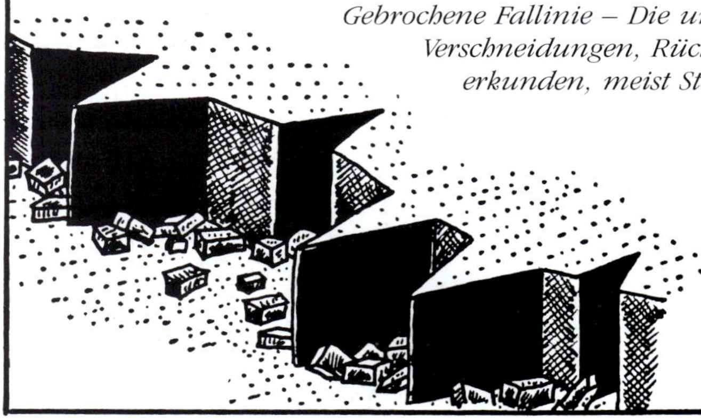

Schräger Fall

Das Wasser fällt nicht frei hinab, es schießt über eine Platte. Bei gerader Fallinie, tiefem und freiem Becken ist eine starke Walze (vielleicht ein Rücklauf) zu erwarten.

Treppenhaus

Unregelmäßige oder treppenförmige Fallfläche, aber meist gerade befahrbar. Eine Befahrung wird schwierig wegen einer Reihe von Walzen, Querströmungen, Schlagwellen und wegen Steckgefahr.

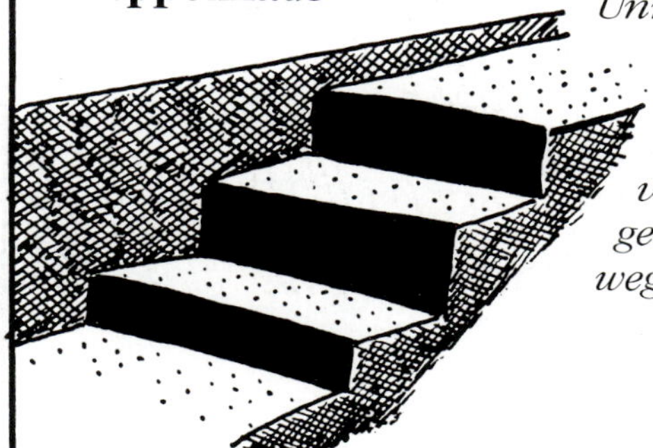

Versetzter Fall

Wie ein Treppenhaus-Fall, aber mit versetzten Stufen, die Richtungswechsel erzwingen. Für eine Befahrung dieser anspruchsvollen Stufen müssen alle Walzen, Querströmungen und Verschneidungen einkalkuliert und je nach Situation vermieden oder ausgenützt werden. Daraus ergibt sich dann die Ideallinie. Alle Schlagkombinationen können zum Einsatz kommen. Der Paddler nutzt das Wasser, er kämpft nicht dagegen. Mit Steckgefahr muß gerechnet werden!

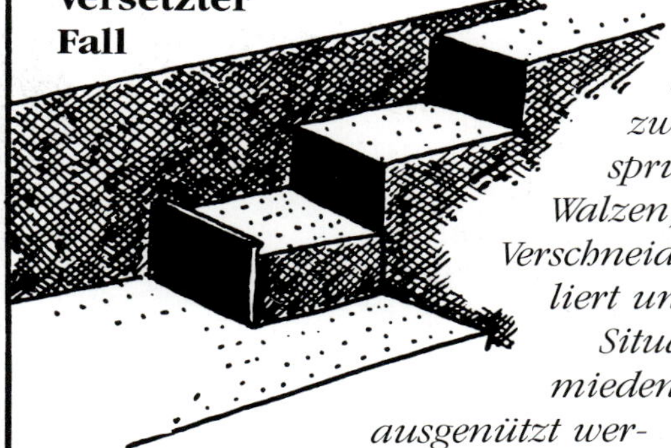

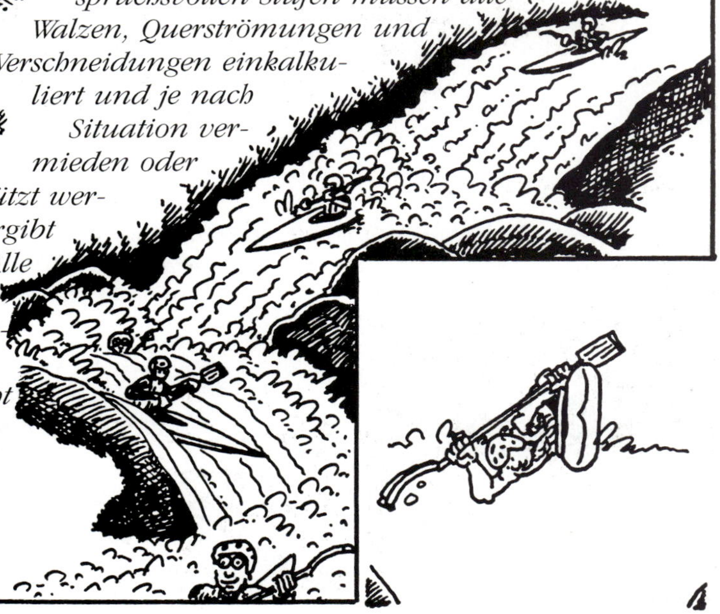

U-Fall, flußab

U-Fall (flußab) a.b.a. eine konvexe Kante – Je nach Unterwasser und Walzenabfluß recht einfach in der Mitte zu befahren.

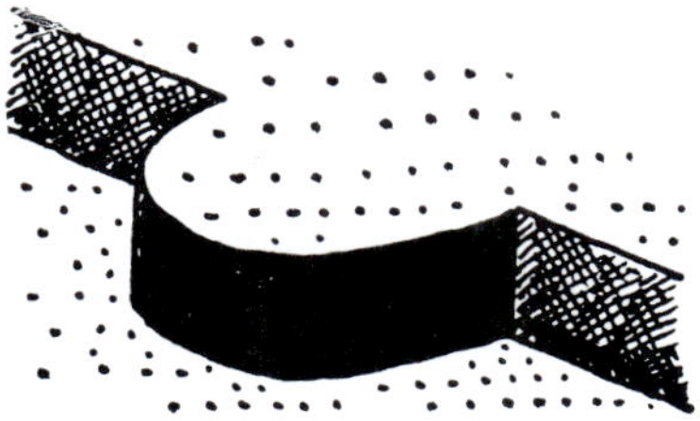

U-Fall, flußauf

U-Fall (flußauf) a.b.a. eine konkave Kante – Meist kritisch wegen Verschneidungen, Rücklauf und Steckgefahr. Am besten mit viel Geschwindigkeit und Rücklage befahren. Wenig eintauchen, besser gerade auftreffen, der Rücklauf muß übersprungen werden. Wenn überhaupt, dann unbedingt an den Rändern befahren.

Kombinierte Fälle

Alle mögliche Arten existieren, das Gute daran, es ist für jeden was drin (auch umtragen).

Ein paar zusätzliche Informationen . . .

Hinterspülte Abfallkante – Manche Fälle sind rückwärts ausgespült, harter Fels liegt auf weichem Fels. Das abfallende Wasser hat eine Art Grotte herausgewaschen, der freie Fall erzeugt eine Vorder- und eine Rückwalze, außerdem kann Treibholz den Hohlraum verkeilen. Oft erzeugt die Fallzunge ein bogenförmiges Loch (wie eine Schale). Senkrechtes Eintauchen vermeiden und sehr gut sichern!

Aber zuerst »ein wenig **Schaumdeuten***«*

Schaumdeuten ist eine sehr ungenaue Wissenschaft. Ich mache es seit über einem Jahrzehnt und hab es immer noch nicht ganz heraus. Der Sinn des Ganzen, warum die »Belüftung« schätzen, ist einfach. Man will ja wissen, wie es einem am Fuß eines Abfalls ergeht. Die richtige Deutung der Verwirbelung erzählt eine Menge über die Wassertiefe, Walzenstärke und -form. Es ist absehbar, ob das Unterwasser frei von Verblockung oder Baumresten ist, also wo es mit Dir hingeht bei der Landung. Du kannst abschätzen, ob Du eine Zeitlang in der Walze reiten darfst und auch wieder rauskommst, oder ob Dir das Loch das Kajak unter dem Hintern wegsaugt. Die Nealy-Skala der relativen Wasserbelüftungshärte reicht von weich (schaumig) bis hart (spritzend). Weiche Belüftung bedeutet ein hohes Luft/Wasser-Gemisch (harte Belüftung = mehr naß). Viel Luft erzeugt kleine Blasen und eine fast weiße Färbung, wie ein Schaumbad. Die Verwirbelung und der Abfluß sehen aus wie ein Vitamin-C-Drops im Wasserglas. Das Gute daran: meist ziemlich tiefes Wasser, keine Hindernisse im Unterwasser. Das Dumme: Stützen und Paddeln ist sehr schwierig (Schaumschläger) und die Walzen halten meist verdammt gut. Ein Paddler taucht tief in solches Wasser ein, und wenn er in der Walze hängenbleibt, muß er wie irre wriggen und paddeln. Normales Walzensurfen (Boot auf Kante, Oberkörper flußab) führt

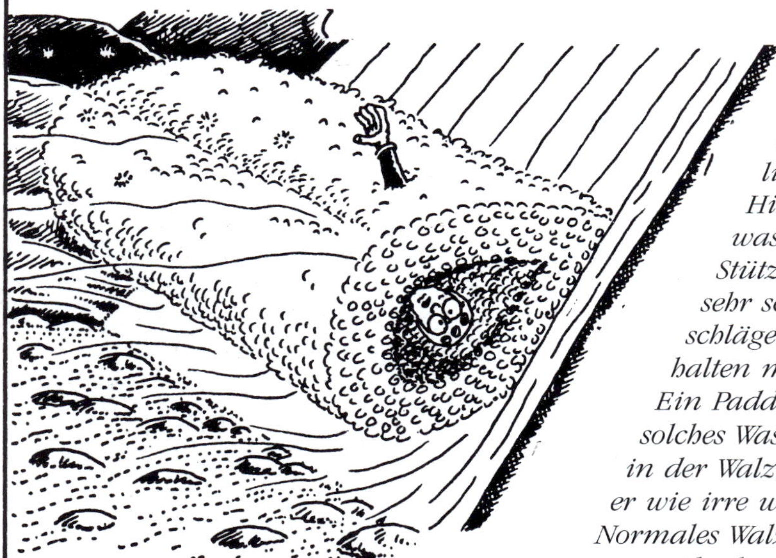

meist zum Kentern. Der Auftrieb ist sehr niedrig. Ein Schwimmer hat in einer solchen Waschmaschine selten die Möglichkeit zu atmen und taucht, wenn überhaupt, nur nach jeder Umdrehung auf.

Gefahren im Unterwasser zeigen kochende und pilzende Stellen sowie ähnliche Unregelmäßigkeiten im Schaum an.

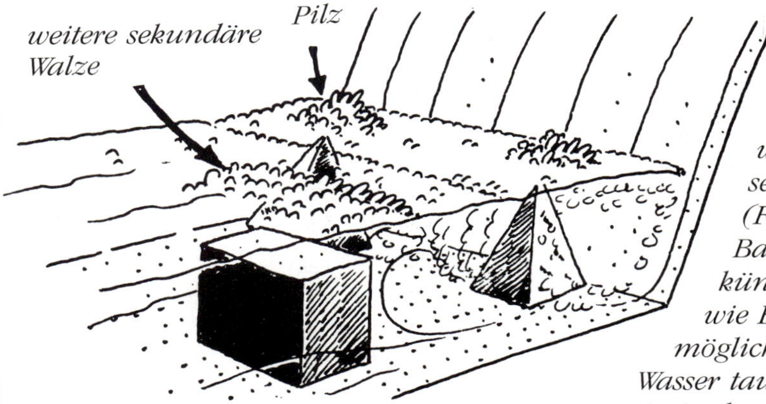

Vielfältige pilzende Flächen und zusätzliche Walzen weisen auf Hindernisse im Unterwasser (Felsen, Platten und Baumhindernisse, auch künstliche Hindernisse wie Eisenträger sind möglich). In schäumendes Wasser taucht ein Boot sehr tief ein. Die Steck- oder Klemmgefahr ist also sehr hoch. Feine Luftblasen deuten auf eine halbtiefe Walze, die Walze rotiert nicht bis zum Boden.

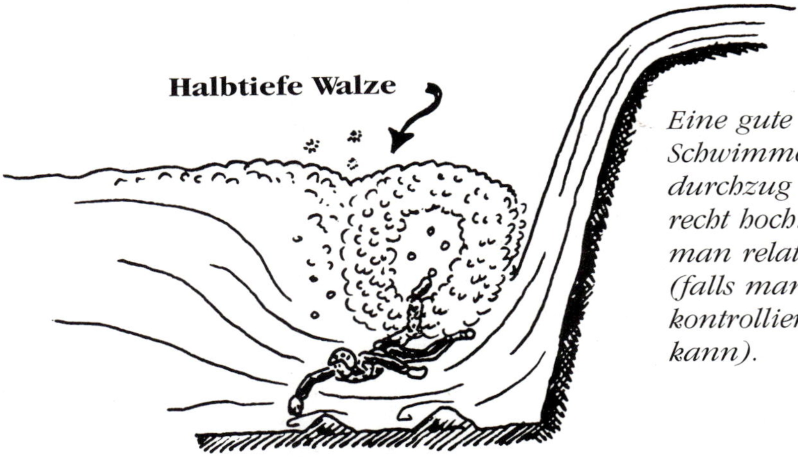

Eine gute Nachricht für Schwimmer, der Wasserdurchzug am Grund ist recht hoch. Außerdem kann man relativ gut abtauchen (falls man überhaupt noch kontrolliert schwimmen kann).

Die Walze trifft auf Hindernisse, weniger Schaum bildet sich, dafür beginnt das Wasser sehr zu spritzen, der Luftanteil ist geringer. Schwimmer in der Walze dürfen mit Steinschlag rechnen, im schlimmsten Fall mit Hängenbleiben (Fußklemmer, Bäume)

»Weiche Belüftung« sieht erst einmal recht harmlos aus, aber je nach Wasserfall ist sie anders zu deuten. In einem tiefen Becken, unter einem hohen, senkrechten Fall ist die Walze tiefer als breit. Bleib mit Deinem Boot beim Eintauchen flußab der Walze, null problemo! Nach einem starken, schrägen Fall bedeutet feiner Schaum direkte Gefahr, ein Rücklauf! Statt im tiefen Wasser die Energie zu verlieren, wird der Rücklauf dauernd angekurbelt (Förderband). Endet eine Befahrungslinie in einem solchen Rücklauf, dann sei schnell bei der Einfahrt und paddle voll durch, vergiß die dumme Methode »Abfall = Paddel über'm Kopf«. Überlege Dir die Fahrt und die Sicherung genau, die richtige Einschätzung des Rücklaufs (meist unter dem Schaum versteckt) ist lebenswichtig.

»Harte Belüftung«, pilzend

»Harte Belüftung« ist das andere Extrem. Es schaut aus wie im Kochtopf, große, unregelmäßige Blasen pilzen auf, der Luftanteil im Wasser ist geringer. So ein Unterwasser bedeutet Untiefe, Hindernisse und unkalkulierbare Strömungen. Es gibt keine klare Drehrichtung im Loch, der Rücklauf spritzt, kocht und lärmt.

Lande nie senkrecht in solchem Unterwasser!

»Mittlere Belüftung« Der Luft- und Wasseranteil ist gut verteilt, die Farbe ist im wesentlichen weiß, das Wasser schäumt wild. Die Blasen sind nicht fein wie Schaum, sondern etwa so groß wie Knöpfe. Die Walze schäumt und schlägt gegen das Fallwasser. Sie reicht meist bis zum Grund, dieser ist oft uneben im mitteltiefen Wasser. Wahrscheinlich taucht der Paddler nicht voll ein, und er kann die Walze gut surfen. Die Walze ist kräftig, aber es ist genug Wasser im Ablauf zum Stützen (anders als bei rückläufigem Schaum). Schwimmen mag zwar einen kräftigen Vollwaschgang bedeuten, normalerweise spuckt es einen aber im abfließenden Wasser schnell wieder aus.

»Misch-Belüftung« Wie der Name schon andeutet, ein guter Mix aller Variationen, ein eindeutiges Zeichen für unregelmäßiges Unterwasser.

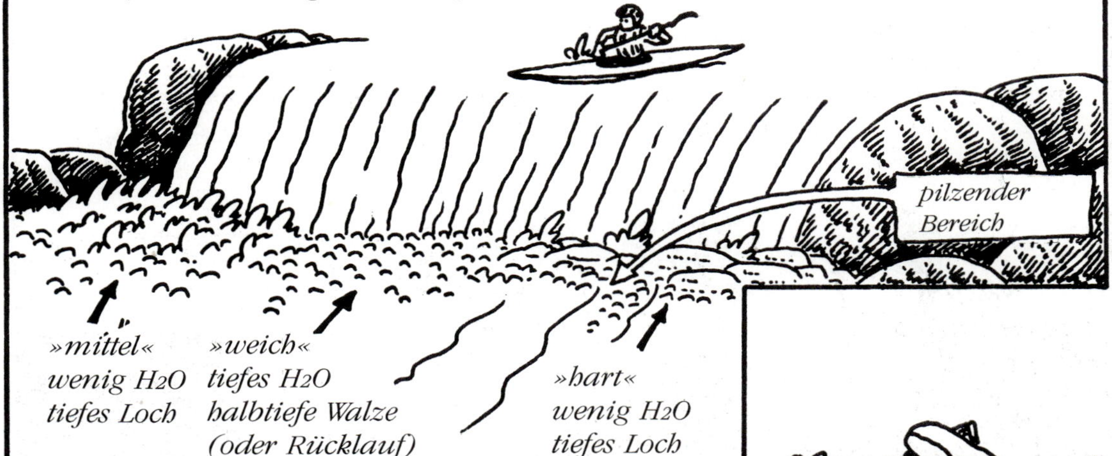

***Hinweis:** Neben kochendem Rücklauf bedeutet feiner Schaum mit pilzendem Wasser trotzdem Untiefe und Steckgefahr.*

In der guten alten Zeit glänzte Wasserfallfahren durch Stillosigkeit. Man paddelte einfach runter, das Paddel hoch über dem Kopf – wohl nur, um den Paddelschaft nicht anzuknabbern – und hoffte das Beste. Der Machostil galt als Können, es waren die Zeiten von Krach und Bumm.

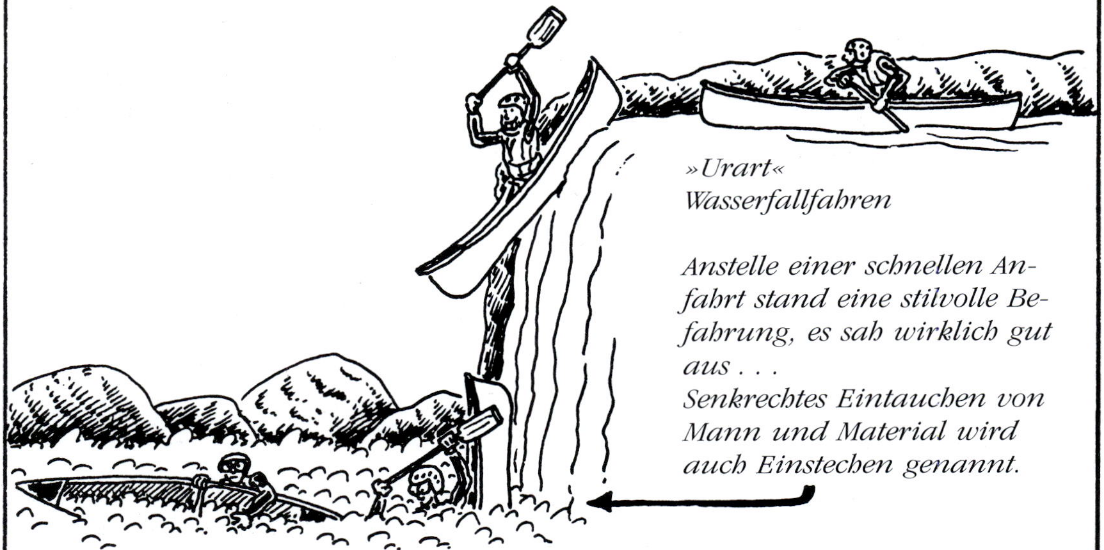

»Urart« Wasserfallfahren

Anstelle einer schnellen Anfahrt stand eine stilvolle Befahrung, es sah wirklich gut aus . . .
Senkrechtes Eintauchen von Mann und Material wird auch Einstechen genannt.

Dann, ein wenig aus Adrenalinüberschuß, befuhr eines Tages ein Paddler einen unbedeutenden kleinen Wasserfall viel zu schnell, und etwas Verrücktes geschah . . .

Das »Kajak-Ski-Springen« war geboren!

Wir stehen alle in tiefer Schuld dieser Person, wer immer er/sie auch ist . . .

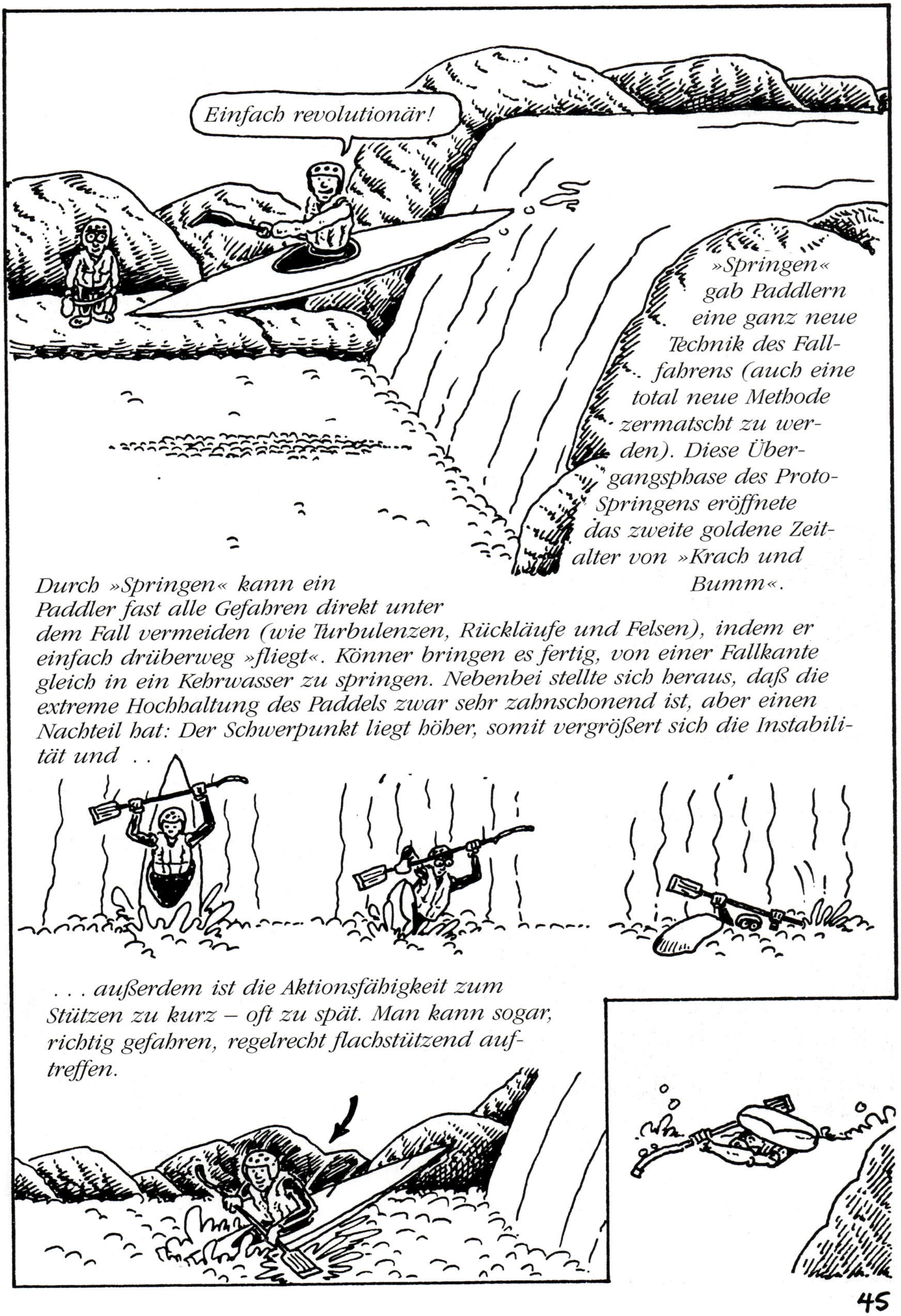
Einfach revolutionär!
»Springen« gab Paddlern eine ganz neue Technik des Fallfahrens (auch eine total neue Methode zermatscht zu werden). Diese Übergangsphase des Proto-Springens eröffnete das zweite goldene Zeitalter von »Krach und Bumm«.
Durch »Springen« kann ein Paddler fast alle Gefahren direkt unter dem Fall vermeiden (wie Turbulenzen, Rückläufe und Felsen), indem er einfach drüberweg »fliegt«. Könner bringen es fertig, von einer Fallkante gleich in ein Kehrwasser zu springen. Nebenbei stellte sich heraus, daß die extreme Hochhaltung des Paddels zwar sehr zahnschonend ist, aber einen Nachteil hat: Der Schwerpunkt liegt höher, somit vergrößert sich die Instabilität und . .
. . . außerdem ist die Aktionsfähigkeit zum Stützen zu kurz – oft zu spät. Man kann sogar, richtig gefahren, regelrecht flachstützend auftreffen.

Für den richtigen »Abflug« sind kräftige Paddelschläge wichtig, Geschwindigkeit zählt. An der Fallkante treibt ein letzter, kräftiger Schlag das Boot vor und der Rumpf reißt durch Rücklage das Boot vorne hoch (Vorsicht, zu kräftige, unkontrollierte Schläge an der Fallkante können teuflische Dreher verursachen, man hörte von »Querbefahrungen mit Unterspülungsbesuch«). Der Paddelschlag an der Fallkante kann reibungslos übergehen in den Schlag bei der Landung (also die gegenüberliegende Paddelseite). Durch Vorlage im »Flug« wird die Landung etwas weniger flach.

Die Kür:

(1) Abflug: letzter Schlag setzt ein
(2) Abheben: Hüftschub, letzter Paddelschlag
(3) Flugphase: dynamisch aufrechte Körperhaltung, die Paddelbewegung geht weiter
(4) Landung: der Körper locker und aufrecht, Landeklappen runter (das Paddel geht in Stellung für einen Schlag oder eine Stütze auf der Gegenseite des letzten Schlags)

Ganz klar, bei einer geraden Anfahrt von 50 m sollte die Abfluggeschwindigkeit reichen. Aber welcher Fall hat schon so viel Anlauf? Meist geht's aus dem letzten Kehrwasser zum Fall, oft nur fünf oder sechs Schläge von der Kante. Da muß man dann halt mal kräftig hinlangen!

Kajak-Springen ist aber nicht der Weißheit letzter Schluß. Hast Du einen recht einfachen Fall vor Dir, ohne gefährlichen Rücklauf, warum der ganze Streß? Außerdem kann Springen auch ungesund sein (nicht wegen der Aufgabe der Bierbauchtechnik). Eine flache Landung auf hartem, glattem Wasser, vielleicht noch ein wenig steinig . . . der Bruch ist vorprogrammiert. Statt weichem Landeplatz ein Sprung auf Beton! Es soll jetzt schon ein paar Paddler geben, die ein paar Zentimeter kleiner sind . . .

Da wäre noch eine Gefahr, mehr psychologisch. Man sieht einen gefährlichen Fall mit Rücklauf u.s.w., denkt »ah – Springen« und bringt dann keine Power auf die Kartoffel. Also geht's mitten rein in den Mist. Wenn Skispringen die einzige Möglichkeit für eine Befahrung ist, dann ist gute Beurteilungsfähigkeit lebenswichtig (Murphy's Gesetz: Kann was schiefgehen, dann geht was schief!)

Felsen-Sprung – Vor Dir ist ein Fall in einen gefährlichen Rücksog. Du machst Dir lieber in die Hose als da reinzufahren. Nach genauerem Anschauen erkennst Du aber ein sicheres Kehrwasser rechts vom Loch, außerdem ist der Fels am rechten Fallrand flach und glatt. Also ist die Route klar: Diagonal nach rechts, den Felsen verschrammen (stinkt nur bei Polyesterboden) und Landung im Kehrwasser (Achtung: Murphy's Gesetz).

Überflug: Unterm Fall siehst Du gruselige Turbulenzen. Richtig, hier liegen Felsen, senkrechtes Eintauchen wird sehr böse enden. Aber, bis auf die kurze Zone unter dem Fall sieht das Unterwasser sauber aus, außerdem ist das Wasser »luftig« genug für eine flache Landung. Nach einem schnellen Stoßgebet überfliegst Du die Gefahrenzone.

Mehr vom Fliegen – Ein V-verschnittener Fall mit kochendem Unterwasser. Du hast recht, hier besteht Steckgefahr, im Unterwasser liegen Hindernisse. Außerhalb der V-Zone des Unterwassers siehst Du glatt schäumendes Wasser, also keine versteckten Felsen etc. Du entscheidest Dich, den Fall diagonal zu fahren. Hoch angesetzt schneidest Du vom Unterfall den Überfall. Du solltest rechts unterhalb der Fallzone im Ablauf landen.

Eine der wichtigen Anwendungen des Skispringens sind große, überspülte Steine. Denn was ist das anderes als eine U-Kante mit einem flußauf liegenden, bösen U-Rücklauf (a.b.a. Plumpsklo).

Springen mit Prallwand-Dreher – Du stehst vor einem versetzten Fall, ein senkrechter Fall endet im Rücksog, danach folgt eine 90°-Richtungsänderung und sofort ein Abfall in ein So-la-la-Unterwasser. Zwischen den beiden Abfällen steht ein Prallwasser am Strömungsknick, welches in die rechte Ecke des Unterwassers abfällt. Du vermeidest den oberen Rücklauf mit einem Sprung zum Prallwasser, dessen Linksdrall dreht dann Dein Boot gerade ins Unterwasser.

Du triffst das Prallwasser mit Rücklage, damit der Bug vom Prallwasser nach links versetzt wird. Dabei stützt Du leicht auf das Prallpolster.

Prallwasser (a.b.a. Kissen) – Fließt Wasser schnell im rechten Winkel gegen Felsen, dann entsteht an der Prallwand ein Prallwasser (NUR WENN DER FELSEN NICHT UNTERSPÜLT IST). Tatsächlich ist ein fehlendes Prallwasser (oder bei viel Wasser ein nur geringes Prallwasser) der beste Hinweis auf eine Unterspülung. Manchmal entsteht auch kurz vor dem Prallwasser eine kleine, pilzende Vorwelle, diese fehlt meist bei Unterspülungen (siehe nächste Seite).

Diese Vorwellen (das Resultat der Grundwalze) kann man nicht richtig absurfen, aber sie können ein wenig zusätzliche Vorwärtsbeschleunigung beim Seilfähren geben.

Das Absurfen von Prallwasser-Walzen muß mit Vorsicht angegangen werden. Ist das Prallwasser zu klein, dann klebst Du am Felsen. Halte Dich an starke, mäßig schäumende Prallwasser, sorge für genügend Vorwärtsfahrt und kante leicht zur Wand. Ansonsten funktioniert alles wie bei normalen Walzen (und, nur weil ein Prallwasser da ist, **fehlt nicht unbedingt** *die Unterspülung).*

Jeder Wasserfall bietet dem Paddler verschiedene Befahrungsmöglichkeiten, abhängig vom Ausgang:

»Plan A« – Ein Sprung diagonal von links nach rechts bringt Dich ins Kehrwasser, wo Du auf gutes Stützen achtest. Du bist weg vom Rücklauf.

»Plan B« – Der Sprung diagonal von rechts nach links führt in den Rücklauf links vom Hauptabfluß. Der Rücklauf packt zwar Dein Heck, aber Du kannst frei rauspaddeln.

»Plan C« – Du wählst die direkte Route, ein Sprung gerade von der Kante, und landest im abfließenden Wasser. Vielleicht kenterst Du, aber die Strömung treibt Dich weg vom Rücklauf. Klar, Du rollst auf . . .

»Plan D« – In der Annahme, der Rücklauf sei harmlos, läßt Du Dich von der Kante »abtropfen«, direkt ins Maul des Lochs. Du fällst in feinschäumendes Wasser und kommst quer in einen recht unfreundlichen Rücklauf. Nach einer Zeit nutzlosen Surfens bist Du k.o. und gehst baden. Das Loch spuckt Dich nach nur zwei Paternosterfahrten aus?!

Schanzenspringen – In einem großen schrägen Fall kommt man nur schwer »in die Luft«. Man kann aber irgendwelche Unregelmäßigkeiten (Buckel, Platten) als Minirampe nutzen. In solchen Fällen ist Sorgfalt angebracht, untersuche diese Buckel immer genau, aufwärtsstehende Platten können zu Steckunfällen führen oder Dein Boot aufschlitzen (und Dich)! Schau Dir den Schaum (oder das Fehlen von Schaum) beim Höcker an, das gibt Dir sicherheitsorientierte Entscheidungen:

(1) Kein Schaum – Der Wasserbuckel ist glatt und sauber, die Erhebung unter dem Buckel ist auch glatt und gerundet. Solange das darüber fließende Wasser mindesten 10 bis 15 cm tief ist, kannst Du drüberschießen.

(2) Spritzender Schaum unterhalb des Buckels – Die Erhebung ist eckig, vielleicht scharfkantig und weist abwärts. Eine Luftblase ist unterhalb des Buckels. Mit genug Wasser drüber gibt's keine Probleme.

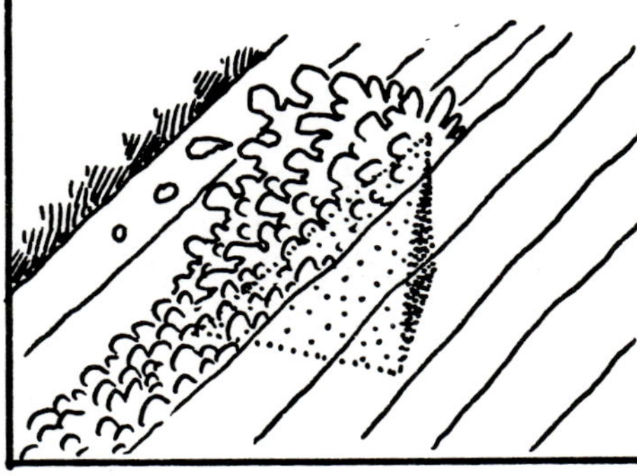

(3) Ein schäumender Höcker, regelrecht fächernd. Gefahr! – Eine aufwärts gerichtete Erhebung, brüchig und scharf. Nur gut für gefährliche Bootsstecker oder Verletzungen. Finger weg!

Manövrieren auf schrägen Abfällen – Wenn »Springen« nicht machbar ist, kann mit flachen Konter- oder Bogenschlägen eine Richtungsänderung im Fall gesteuert werden. Ein kräftiger Konterschlag im Fall ist wie eine Handbremse für's Auto bei schneller Fahrt. Das Heck wird herumgerissen. Konterst Du also links, dann dreht sich Dein Boot nach links. Ein anschließender starker Vorwärtsbogenschlag rechts vollendet die schnelle Drehung nach links.

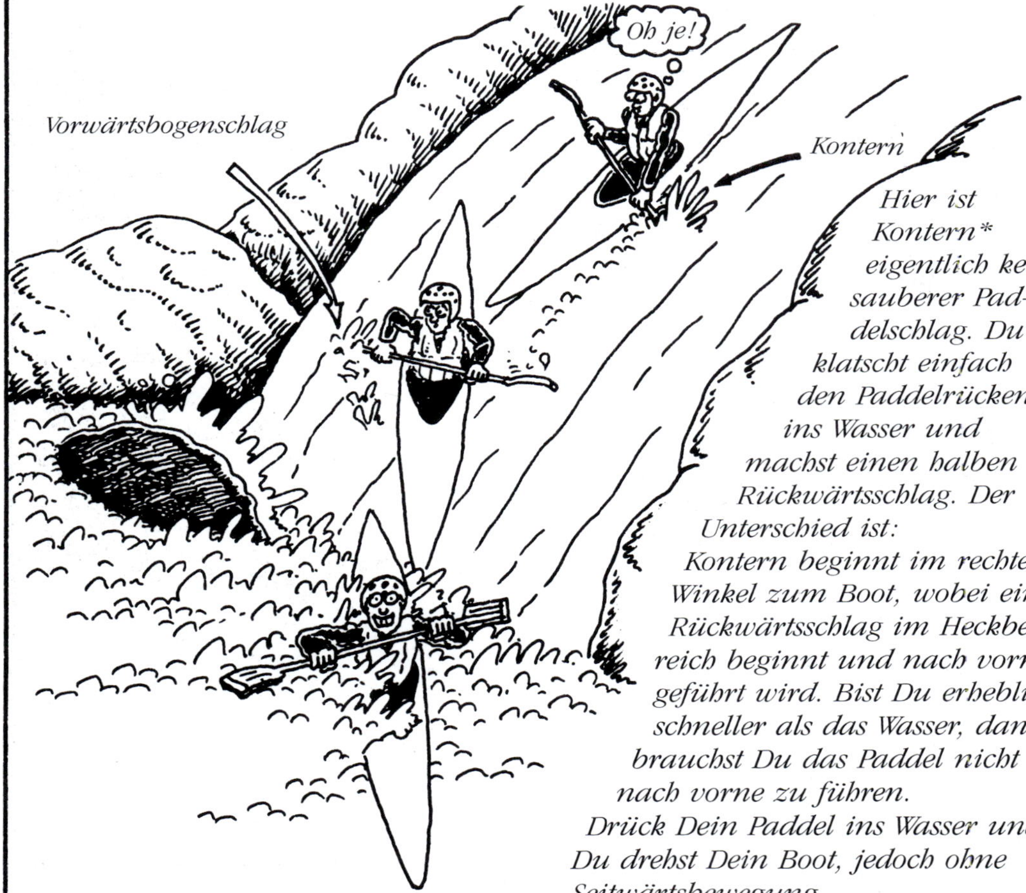

Hier ist Kontern eigentlich kein sauberer Paddelschlag. Du klatscht einfach den Paddelrücken ins Wasser und machst einen halben Rückwärtsschlag. Der Unterschied ist: Kontern beginnt im rechten Winkel zum Boot, wobei ein Rückwärtsschlag im Heckbereich beginnt und nach vorne geführt wird. Bist Du erheblich schneller als das Wasser, dann brauchst Du das Paddel nicht nach vorne zu führen. Drück Dein Paddel ins Wasser und Du drehst Dein Boot, jedoch ohne Seitwärtsbewegung.*

** a.b.a. Bremse einlegen*

** siehe »Paddelkünste«*

Auf unregelmäßigen Stufenabfällen (eigentlich ein sehr steiler Katarakt) kann man mit Hilfe der Prallpolster der überspülten Felsen steuern. Die Prallpolster können wie kleine Walzen schräg abgefahren werden. Diese Technik kann sehr gefährlich werden, falls der Paddler die Route nicht sorgfältig beurteilt hat. Es besteht Steckgefahr!

Wellen

Zum Schluß der Hydro-Topographie wären noch Wellen zu besprechen. Viele Paddler sehen Wellen nur als Spielobjekt für's Surfen. Wellen können aber auch zum dynamischen Befahren des Flusses genutzt werden.

Der Wellenberg-Dreher

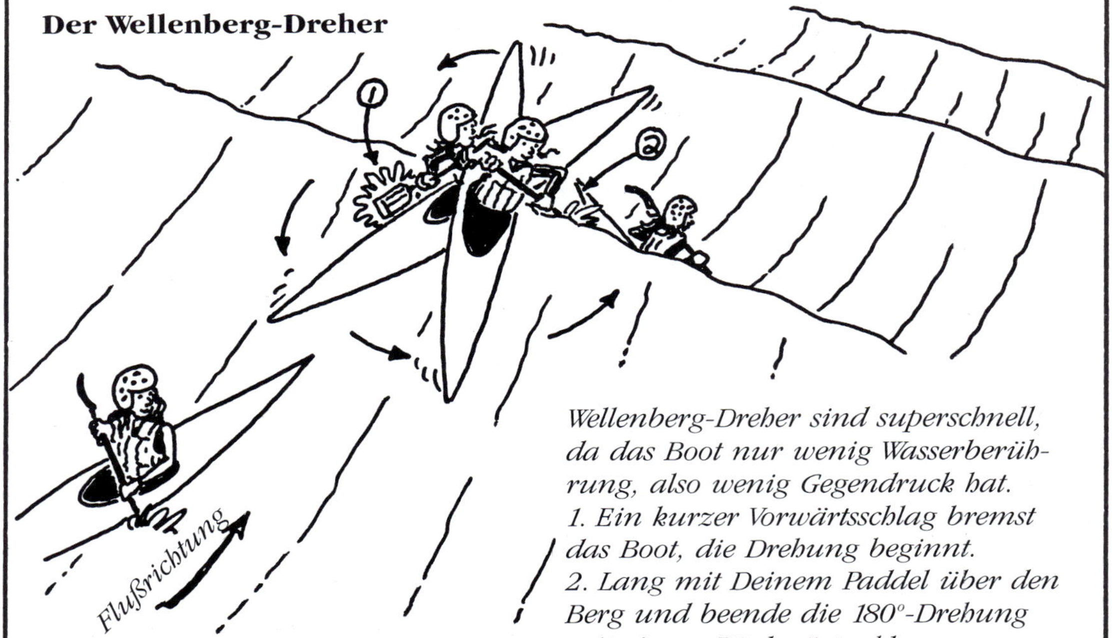

Wellenberg-Dreher sind superschnell, da das Boot nur wenig Wasserberührung, also wenig Gegendruck hat.
1. Ein kurzer Vorwärtsschlag bremst das Boot, die Drehung beginnt.
2. Lang mit Deinem Paddel über den Berg und beende die 180°-Drehung mit einem Rückwärtsschlag.

Die dynamische Rückwärtsseilfähre, gesurft

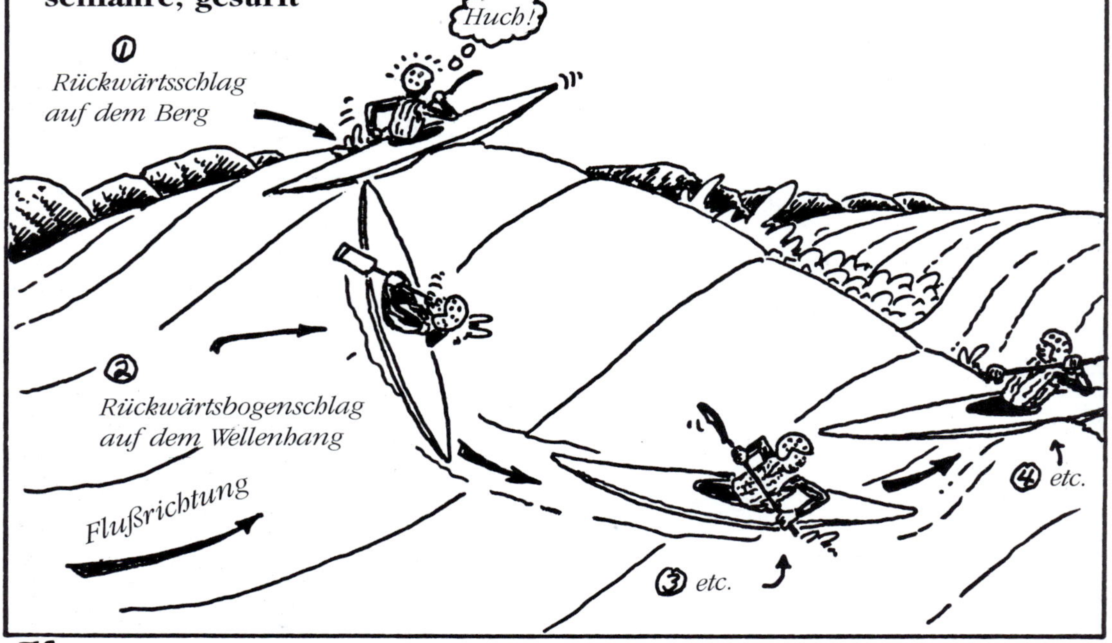

Der gesurfte Volldreher

Wellenberg-Ausschau

Flugkontrolle

(oder: Zeichensprache – wie zeig ich's den anderen)

Auf steilen, komplizierten Bächen ist das Beurteilen jedes Abfalls sehr unpraktisch und zeitaufwendig, abgesehen natürlich von großen Wasserfällen etc. Der Vorfahrer kann mit Handzeichen den anderen Paddlern die Befahrungsroute anzeigen, **vorausgesetzt**, *dessen Zeichen sind eindeutig und für alle verständlich. Achtung, es soll Sprachdialekte geben!*

O.k., weiter
Loch hält!
Schneller, voll vorwärts!
Langsam anfahren
Felsen!
Unter-spülung!

Handzeichen statt Erkundungen sind nicht ohne Gefahr. Befahre NIEMALS einen unübersichtlichen, tiefen Fall ohne Erkundung. Handzeichen sind hauptsächlich zur Befahrungsregelung durch den Vorausfahrer nützlich. So kann er vorher nicht bemerkte Felsen, Rückläufe, Unterspülungen etc. an die nachfolgenden Kajakfahrer weitermelden.

GIB

NIE

AUF!

Vielleicht hast Du Glück

Selbsthilfe beim Schwimmen
(oder:
Schwimmstunde für alle, die NIE baden gehen)

Wenn Du baden gehst, hast Du zwei Möglichkeiten: ruhig treiben lassen und auf Seilrettung oder ein ruhiges Unterwasser hoffen oder selbst aktiv zu Deiner Rettung beitragen . . .

Der aktive Schwimmer nutzt einen Arm und beide Beine zur Vorwärtsbewegung.

Hast Du Deine Auftriebskörper vergessen? Nie? Dann dreh' Dein Boot blitzschnell um.

Vielleicht kannst Du Dein Boot als Schwimmbrett nutzen . . .

. . . setz Dich drauf und paddle mit den Händen oder dem Paddel . . .

. . . oder leg Dich drauf und paddle mit den Händen . . .

Wenn möglich, leg Dich auf Dein Paddel oder wirf es vor Dir her . . .

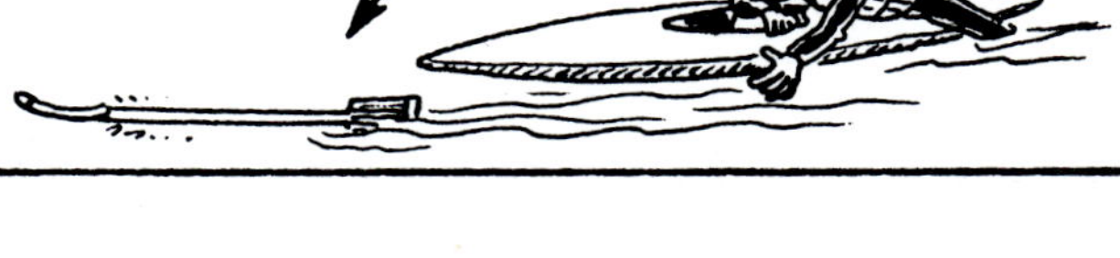

Das Beste ist meist, sich am gekenterten Boot anzuhängen. Mit viel Glück reißt Dich das halbvolle Boot durch den Rücklauf von Riesenlöchern.
Uff!
Toller Schwumm

Wozu ein gekentertes Boot sonst noch nützt:

Leiter

Klemmkeil

Sprungbrett

Stoßdämpfer

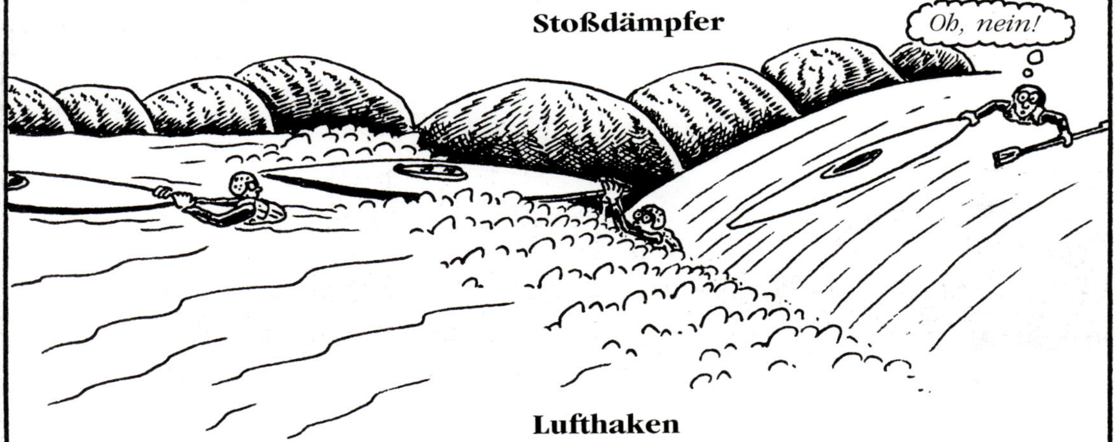

Lufthaken

Wie man eine kräftige Kehrwasserlinie überwindet:

Du kannst wieder einsteigen* und so z.B. einen Felsenkessel verlassen.
Uff!
* Natürlich nur in recht ruhigem Wasser möglich . . .
. . . oder Du läßt Dir helfen und leerst Dein Boot in der Strömung.
Manchmal ist es besser, Dein Boot loszulassen und kräftig zu schwimmen. Laß Dein Material sausen, Du bist wichtiger! Das heutige Bootsmaterial hält viel mehr aus als Du!
Wiedersehen, Boot . . .!?

Mach's mit Vorwärtskraulen und Rückenschwimmen, so steuerst* Du durch einen Katarakt.
* Auf großen Flüssen und bei Hochwasser: Laß alles sausen und kraule schnellstmöglich ans Ufer!

Der Mensch als Korbball

Durchschwimmst Du große Abfälle oder große Löcher, dann mach Dich klein wie ein Ball. Damit schützt Du Deine »Weichteile«, während Dich die Strömung mitreißt.

Ein kleiner Körper bietet auch weniger Angriffsfläche für Rückläufe. Wahrscheinlich haut es Dich tief durch das Loch ins abfließende Wasser. Wenn nicht, hol Luft und laß Dich wieder nach unten reißen.

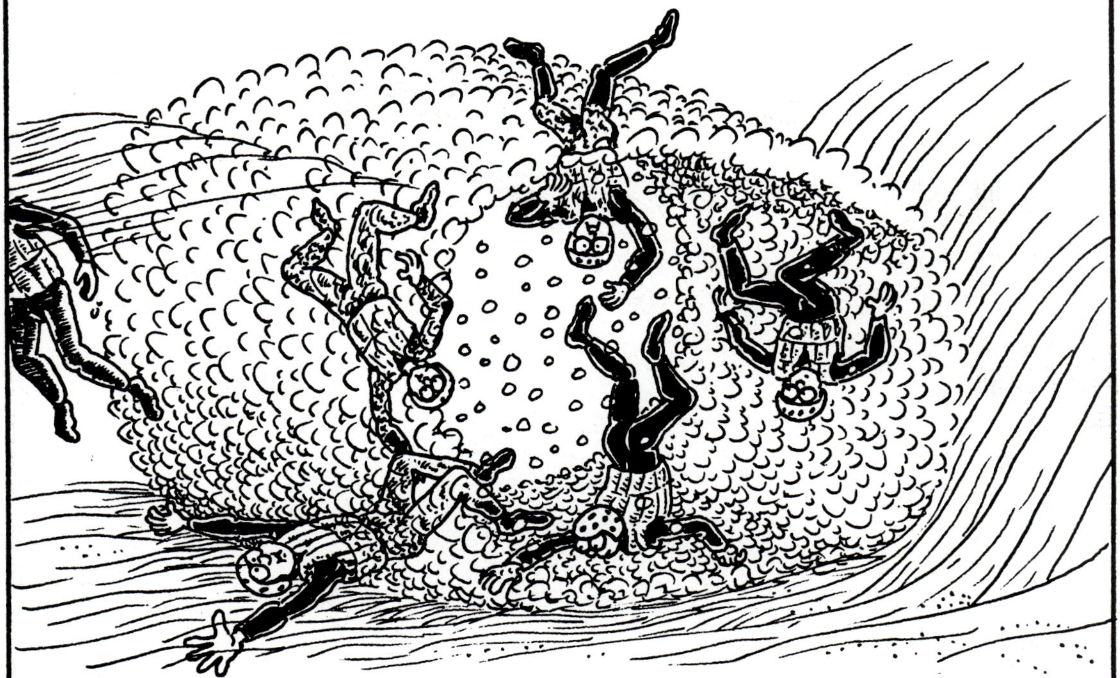

Unter Wasser verliert man die Orientierung, besonders wenn es Dich in ein großes Loch reinhaut. Mach die Augen auf, sieh Dich um. Viele Blasen bedeuten »Walze«. Orientiere Dich an dunklerem, weniger schäumendem Wasser.

»Bist Du im klaren Wasser dann schwimm zum Licht«

und außerdem,

GIB NIE AUF!

Vielleicht hast Du Glück

Selbstrettung
(oder »ZEN und die Kunst des Rollens«)

Die Fähigkeit, in schwerem Wasser sicher zu eskimotieren, ist neben dem Beurteilungsvermögen und der Fahrsicherheit das Wichtigste beim Wildwasserfahren. Zwei wichtige Rolltechniken (flache Rolle und Bogenschlagrolle) existieren neben vielen Spielarten (schnelle Rolle, Rückwärtsrolle, verzögerte Rolle, etc.). Welche Du verwendest, hängt von Deinem Können und von den Flußgegebenheiten ab.

Die **flache Rolle** *– Eine einfache Methode, der Paddler bleibt während der Rolle vorgebeugt und kommt auf einer flachen Stütze hoch. Der Körper ist so am meisten geschützt.*

①

② *Die Rückhand bleibt während der Rolle am Boot.*

③ *Das Wichtigste ist der Hüftschwung!*

④ *Du lehnst Dich auf einer flachen Stütze vor.*

Seitenwechsel: Ist es auf einer Seite nicht möglich zu eskimotieren, dann bleib unter Wasser vorgebeugt und führ Dein Paddel am Helm vorbei rüber und versuch's noch mal.

Die **Bogenschlagrolle** *– Vorgebeugt geht's los, am Ende kommst Du zurückgebeugt auf einer hohen Stütze raus . . .*

Vorderansicht *Seitenansicht*

Diese Technik wird für eine schnelle Rolle verwendet.

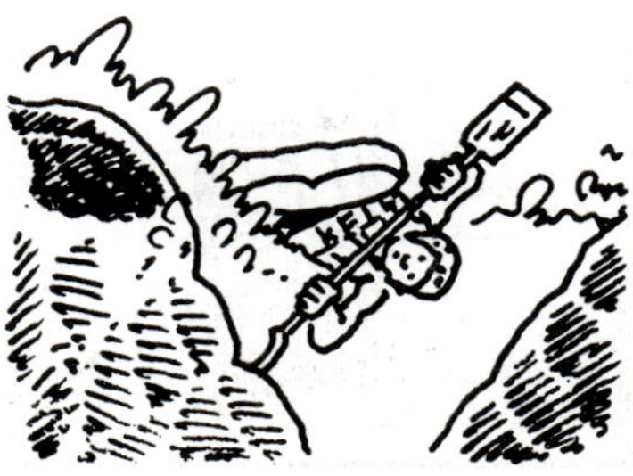

Schnelle Rolle *(a.b.a. dynamische Rolle) – eine Variante der Bogenschlagrolle, wobei fast kein Geschwindigkeitsverlust auftritt. Die schnelle Rolle ist sehr nützlich, um schnell wieder reaktionsfähig zu werden, ohne an Fahrt zu verlieren (z.B. vor Abfällen, Walzen, etc.). Es kommt hierbei sehr auf das Gefühl und Deine Reflexe an.*

Im Moment des Kenterns drehst Du Dich zur Fallseite und bringst Deine Hand über's Boot zum Wasser. Das gibt Dir viel Schwung für's Durchrollen.

Die Bogenschlagrolle setzt Du an, wenn Dich Dein Schwung voll runtergedreht hat.

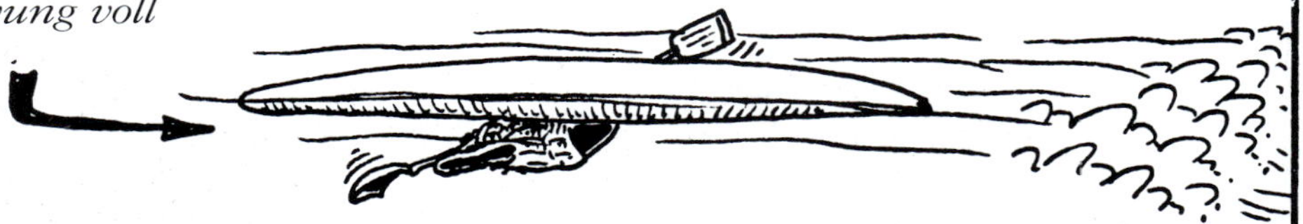

Statt auf einer Paddelstütze reißt Du Dich mit einem Vorwärtsschlag hoch.

Führe den Schlag voll aus, das gibt Dir Stabilität und Fahrt.

Wechsle sofort die Paddelseite zum Vorwärtspaddeln. Richtig gemacht, geht alles blitzschnell und Du fährst weiter geradeaus.

Die schnelle Rolle ist ein flüssiger Bewegungsablauf ohne die einzelnen Phasen des schulmäßigen Rollens. Es braucht weniger als drei Sekunden!

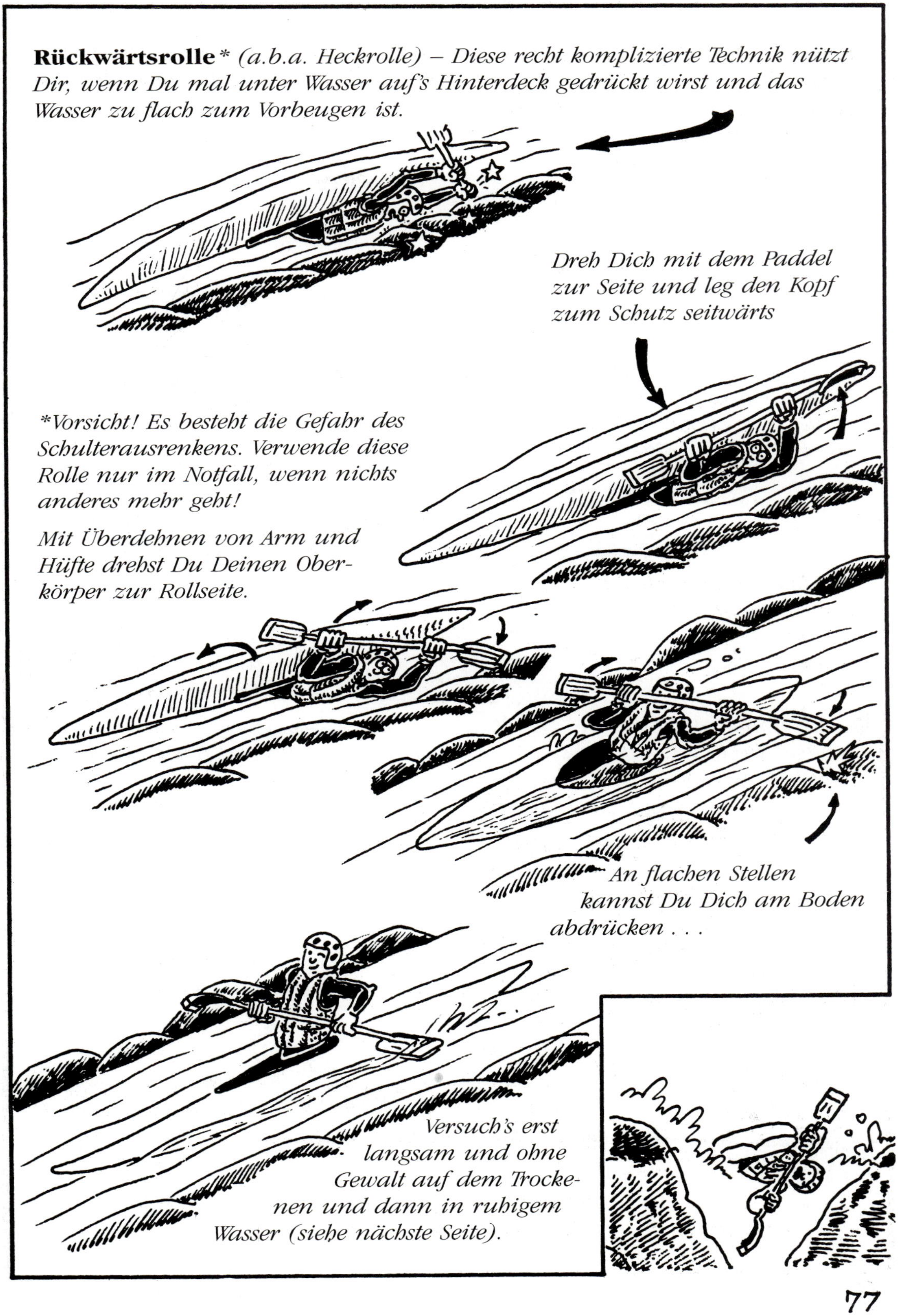
Rückwärtsrolle* *(a.b.a. Heckrolle) – Diese recht komplizierte Technik nützt Dir, wenn Du mal unter Wasser auf's Hinterdeck gedrückt wirst und das Wasser zu flach zum Vorbeugen ist.*
Dreh Dich mit dem Paddel zur Seite und leg den Kopf zum Schutz seitwärts
**Vorsicht! Es besteht die Gefahr des Schulterausrenkens. Verwende diese Rolle nur im Notfall, wenn nichts anderes mehr geht!*
Mit Überdehnen von Arm und Hüfte drehst Du Deinen Oberkörper zur Rollseite.
An flachen Stellen kannst Du Dich am Boden abdrücken . . .
Versuch's erst langsam und ohne Gewalt auf dem Trockenen und dann in ruhigem Wasser (siehe nächste Seite).

Üben der Rückwärtsrolle an Land:

① *Leg Dich in Position für die Bogenschlagrolle*

② *Beuge Dich weit nach hinten auf's Bootsdeck*

③ *Simuliere die Kenterung*

④ *Dreh Deine Hüfte und die Schultern aufwärts und zieh Dein Paddel vor*

⑤ *Dreh weiter und benutze das Arbeitsblatt zum Hochdrücken*

⑥ *Ein starker Hüftschwung bringt Dich voll hoch*

Verzögerte Rolle – *Der Unterschied zur normalen Eskimorolle ist nur der Zeitablauf. Normalerweise bringst Du Dich zum Rollen in Position, und sowie Dein Blatt die Wasseroberfläche durchstößt, beginnst Du zu rollen. Beim verzögerten Eskimotieren bringst Du Dich in Position und wartest ab, bis die Flußverhältnisse besser für's Rollen geeignet sind (schlaf aber nicht ein). Die verzögerte Rolle ist sehr nützlich in großen Walzen, starken Wellen und anderen Turbulenzen. Es ist einfach besser, ein paar Sekunden abzuwarten und erst nach einer Walze zu rollen.*

In großen Wellen rollt man besser auf der Wellenrückseite, dann ist man schnell stabil und auf Stützen am nächsten Wellenkamm vorbereitet.

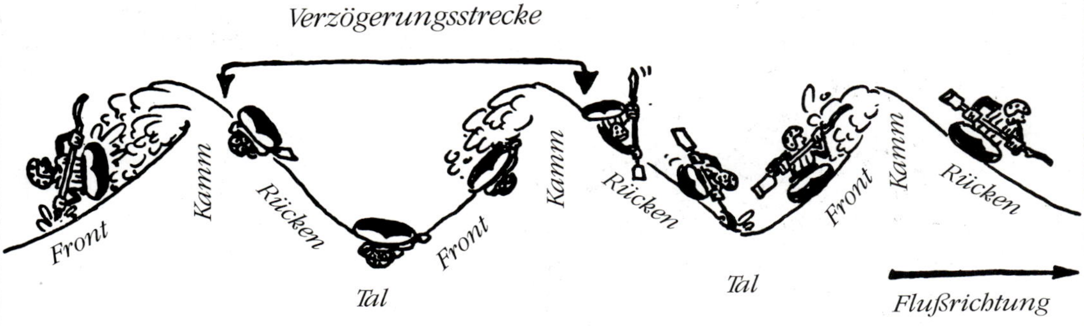

Während Du unten hängst, bist Du sehr stabil. Paß gut auf, dann fühlst Du Berg-und-Tal im Fluß. Wenn Du den Rhythmus raushast, wartest Du auf den Berg und beginnst zu rollen. Meist kommst Du mit Glück auf dem Wellenrücken hoch, dort ist das Wasser fester oder die nächste Wellenfront zieht Dein Blatt gut hoch.

Ein weiterer Vorteil der verzögerten Rolle: Kippst Du in schneller Strömung, und versuchst dann gegen diese zu rollen, so hast Du ein Problem, die Strömung reißt Dein Paddel nach unten.

Die Nahkampf-Rolle

Um Wildwasser ab WW III wirklich sicher zu befahren, solltest Du 100%ig eskimotieren können. Mit welcher Rolltechnik Du das machst, ist recht gleichgültig, es muß nur sicher und schnell sein. Der Trick dabei ist die Ausgangsstellung. Bist Du unter Wasser, umgeben von zerrenden Wassermassen, vielleicht rumpelst Du auch an Felsen, egal wie oder wo, Du hast nicht die Zeit, Dich und Dein Paddel wie in der Übung zurecht zu legen. Es gibt aber wichtige Merkpunkte, die Dir zur Orientierung dienen. Einmal helfen Dir Deine Augen, Du solltest sehen, wo oben ist. Die immer gleichen Berührungspunkte sind wichtig. Du kannst blind fühlen, ob Deine Position stimmt: Die Arbeitshand vorne, der Daumen Deiner Hand, der Daumen der Rückhand und Deine Lippen (»Küß' Dein Schiff«). Kenterst Du, so beugst Du Dich sofort vor und suchst die Berührungspunkte. Dann liegst Du richtig, egal wie es um Dich herum zugeht. Jetzt rollst Du. Klappt's nicht, hol schnell Luft, beuge Dich schon beim Kentern vor und such wieder Deine Merkpunkte. Mit Übung wird das Ganze automatisiert, alles geht dann instinktiv und schnell.

Die Arbeitshand ist immer an der gleichen Schaftposition. Dein Daumen liegt an der Außennaht, damit ist der Zugpunkt für's Paddel richtig.*

»Küß' Dein Schiff« – dann bist Du richtig gebeugt und Dein Kopf ist geschützt.

** Außennaht ist die Mittellinie zwischen Ober- und Unterschiff.*

Der Rückhand-Daumen berührt hinten die Außennaht, Du merkst, daß Dein Paddel richtig längsseits liegt.

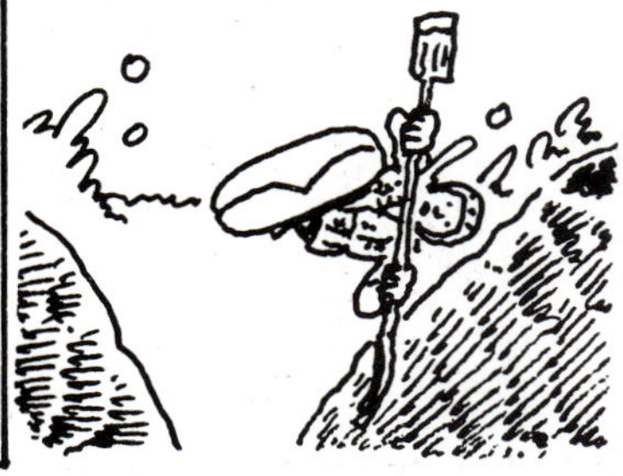

Sicherung am Fluß*

** Dieses Kapitel ist mehr eine praktische Erweiterung von verschiedenen Schriften und Büchern über Sicherheitstechnik im Wildwasser, wie z. B.: Die »Sicherheitsfibel« des AKC (Alpiner Kajakclub), ein hervorragendes Werk mit praktischen und theoretischen Ausführungen im Umgang mit allen Sicherheitsausrüstungsteilen und praktischen Meßwerten aus dem Wildwasser-Sicherheitsbereich, des weiteren das amerikanische Buch »River Rescue« von Bechdel und Ray (AMC Books, 1985), eins der Standartwerke über Sicherheit beim Kanufahren, sowie Publikationen des DKV (Deutscher Kanu-Verband) »Sicherheit im Kanusport« und des SKK (Sicherheitskreis Kanu).*

Die wichtigsten Sicherungsausrüstungsteile:

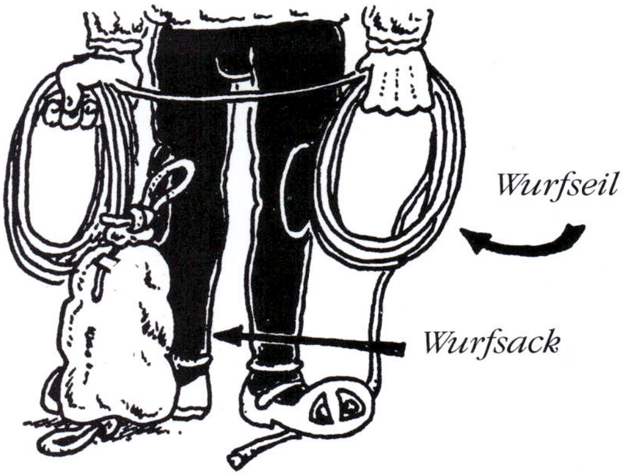

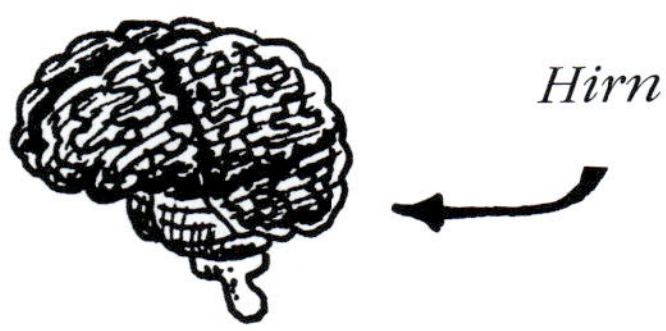

Was davon zum Einsatz kommt, entscheidet die Situation am Fluß. Es gibt zwei Grundarten der Sicherung:
Statisch (Wurfseil) oder dynamisch (Bootssicherung, Selbsthilfe). Gute Paddler benutzen immer Kombinationen beider, außer, der Fluß erlaubt nur eine von beiden Methoden. Ganz klar, auf großen Flüssen oder bei Hochwasser scheidet das Wurfseil schnell aus, hier zählt die Bootssicherung sowie die Bergeleine zur Rettung. Bei steilen Bächen mit viel engen Katarakten und Wasserfällen ist das Wurfseil das beste Mittel zur Sicherung, ein sicherndes Boot dient hier eher zur Unterstützung. Bei Klemmunfällen oder bei der Bootsbergung bewährt sich unbedingt ein Bergehaken als weiteres Rettungsmittel.*

** Kurze Leine am Boot oder Schwimmweste, zum Abschleppen Bewußtloser und von Booten.*

Der ideale Sicherungs-Aufbau:

Paddler benutzen Wurfseil und Bootssicherung am Fluß so wie Bergsteiger Klemmkeile und Seile verwenden, einfach zur Sicherheit.
Hilfeee . . .
Boing!
Rumms!
Du solltest immer eine Zusatzsicherung aufbauen, selbst die beste Sicherung kann fehlschlagen.
Uiii

Es gibt verschiedene Wurfsack-Formen, welche die Beste ist, wird in den am Anfang des Kapitels genannten Büchern ausführlich behandelt. Wichtig ist: Besser ein Wurfsack (je Paddler) als kein Wurfsack. Bei einem richtig gestopften Wurfsack läuft das Seil beim Wurf sauber heraus (Bild B). Auf keinen Fall darf das Seil aufgerollt oder verknotet in den Sack gesteckt werden, man stopft es einfach Stück für Stück hinein. Bei ganz kurzen Sicherungsdistanzen kann man auch ein Stück Seil herausnehmen und dieses werfen (Bild A). Wie auch immer, **Übung** *im Seilumgang ist wichtig, egal ob mit gestellten Kenterungen oder einfach auf der Wiese.*

Bild A — *Bild B*

Behandle Dein Wurfseil so sorgfältig, wie ein Bergsteiger sein Seil.

Wasch Dein Seil aus und laß es trocknen. Sand arbeitet im Seil wie feine Messer, Du siehst es nur zu spät!

Trete nie auf dem Seil herum, Du könntest Dich verheddern, außerdem beschädigst Du das Seil.

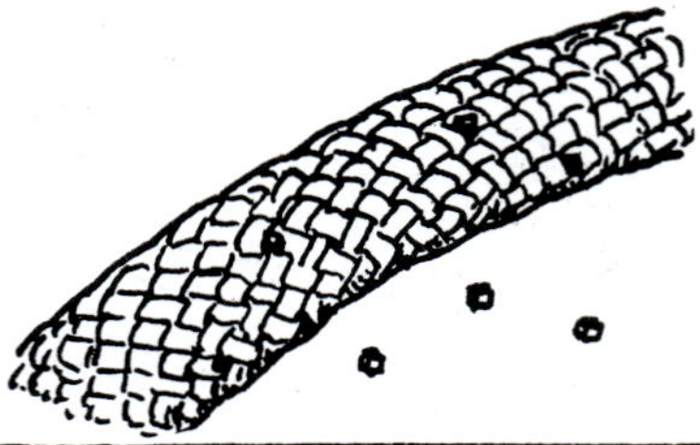

Schau Dir Dein Seil von Zeit zu Zeit genau an. Wechsle es bei Beschädigung sofort aus.

Besteht Gefahr, daß das Opfer am voll ausgeworfenen Seil in Rückläufe, Unterspülungen oder Klemmholz etc. hineintreibt, dann muß ein besserer Sicherungspunkt gesucht werden. Gibt es keine Auswahl, dann hilft nur weniger Seil. Nimm soviel Seil aus dem Wurfsack, so daß die Seillänge im Sack zur Sicherung ausreicht, aber für das Opfer keine Gefahr des Abtreibens besteht. Tip: Längenmarkierung am Seil). Denk daran, in kritischen Situationen greift der Schwimmer eher zum Sack als zum Seil. Dann spult sich natürlich die ganze Länge aus.

Seilsicherung – Sinn der Sache ist es, Schwimmer schnell in Sicherheit zu bringen. Jede weitere Gefährdung des Opfers muß vermieden werden! Dazu muß der Retter den Flußabschnitt auf Gefahren absuchen und selbst einen sicheren Stand finden.

Egal, wie gut Du werfen kannst, hältst Du das Seilende nicht fest, dann passieren »lustige« Dinge, selber erlebt, frei nach dem Motto »Hilf Dir selbst, hier ist der Sack«.

Einfache Haltemethoden:

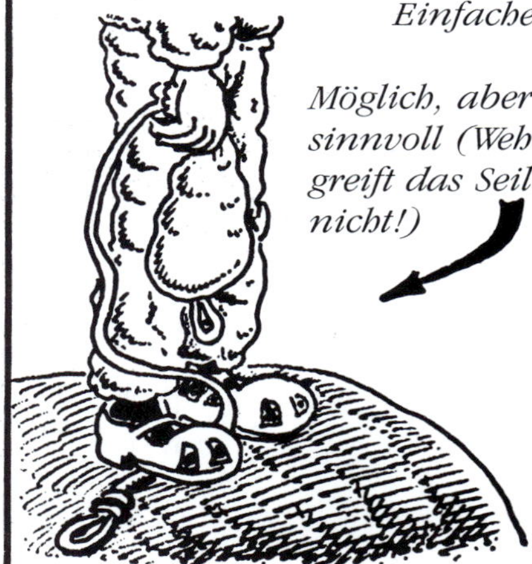

Möglich, aber nicht sinnvoll (Wehe, man greift das Seil dabei nicht!)

Das Beste ist, man legt das Seil halb um den Körper und hält das Ende fest.

Ein Paddler hält das Seil, der andere wirft.

Binde das Seil **NIEMALS** *fest!!*

. . . verheddert sich das Opfer mit irgendeinem Körperteil in Seilschlingen, dann besteht sehr hohe Verletzungs- wenn nicht sogar Todesgefahr!!
Im Fall einer Verhedderung muß das Seil sofort nachgelassen werden, eventuell mitlaufen, vielleicht kommt das Opfer von der Schlinge frei. Wehe, das freie Seilende verhängt sich dabei, da hilft nur noch ein Messer!
Unter Zug drückt die Strömung alles zum Grund!
Weniger Seil ist besser, das verhindert Schlingen.
Wie auch immer Du das Seil hältst, bereite Dich auf die Ruckrichtung vor und nimm eine feste Stellung in Zugrichtung ein.
FALSCH!
Umlenkung spart Haltekraft*
* Siehe nächste Seite

Abfangen am Seil – *Im Moment, wo das Opfer das Seil greift, entstehen sehr hohe Zugkräfte, meist weit höher als erwartet. Das Seil muß langsam abgebremst werden, sonst kann das oft geschwächte Opfer den Ruck nicht halten und verliert das Seil! Übe das Abfangen, es gibt verschiedene Methoden:*

(1) **Statisches Abfangen**, *selten sinnvoll:*
Das Seil wird straff gehalten, kein Stück wird nachgegeben. Statisches Abfangen ist kritisch für Schwimmer, nur der Ruck für die Retter wird abgebremst.

(2) **Dynamisches Abfangen**, *die beste Methode:*
Das Seil wird nachgelassen und langsam abgebremst. Dynamisches Abfangen vermeidet den harten Ruck für beide Seiten!

(3) **Mitlaufen** *und* **Abfangen:**
Man läuft mit dem Schwimmer, wird dabei langsamer und schwingt den Schwimmer ans Ufer.

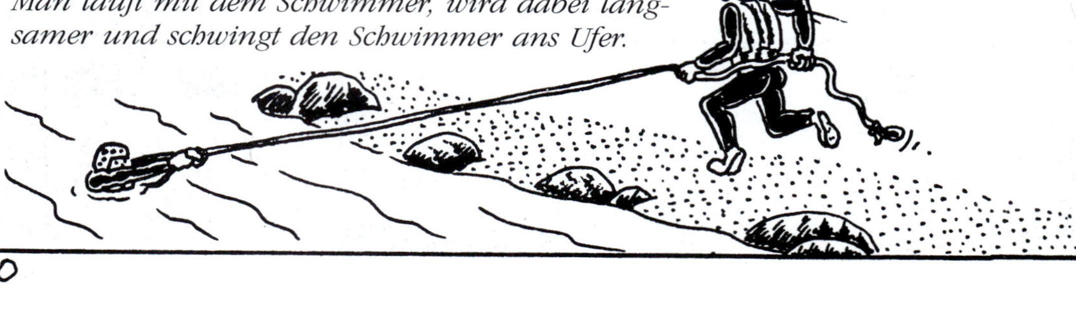

Wie bekommt man einen »gestrandeten« Schwimmer ans Ufer, wenn flußab eindeutig Gefahren lauern:

Seilsicherung (A) steht bereit zum Seilpendeln. Ein Paddler führt das Seil zum Opfer (B).

Statisch gesichert kann (A) das Opfer (B) am Seil ans Ufer (C) herüberpendeln. Hinter dem Schwimmer fährt der Paddler als Zusatzsicherung in einer Seilfähre zum Ufer.

Eine Alternative zum Pendeln ist »schnelles Herüberziehen«, zwei Retter am Seil reißen das Opfer regelrecht über das Wasser. Der Schwimmer muß sich gut festhalten, am besten hängt man das Seil in einen Brustgurt ein.

SEILTRICKS: Der Dülfer-Sitz

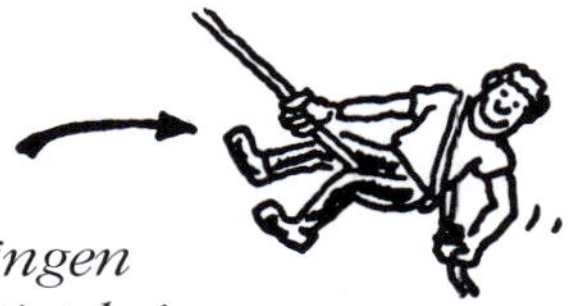

Der Dülfer-Sitz ist eine Abseiltechnik aus den Anfängen des Bergsteigens. Er ist leicht zu lernen und benötigt keine weitere Ausrüstung (wie Karabiner, Bremsringe, Abseilachter etc.). Außerdem ist er schnell gelegt. Im senkrechten Hang ist er allerdings recht schmerzhaft, sofern man nicht gut gepolstert ist (Neopren und Schwimmweste). Neben haarigen Umtrageaktionen kann der Dülfer-Sitz auch in der Horizontalen verwendet werden. Übe den Dülfer-Sitz an einer Schrägen, bevor Du ins Senkrechte gehst!

Wie »dülfert« man:
(1) Schling das Seil um Deinen Körper wie in Bild A.
(2) Stell Dich seitwärts zur Schräge und lehne Dich weit weg, bis das Seil straff ist.
(3) Geh seitwärts runter und gib dabei mit der Steuerhand Seil nach; zum Bremsen oder Halten brauchst Du nur die Steuerhand über den Bauch zu führen und das Seil festzuhalten (Bild B).
(4) Die Oberhand (Führungshand) ist nur zum Ausbalancieren. Die Steuerhand macht das Meiste. Stehst Du im richtigen Winkel, so kannst Du die Oberhand jederzeit loslassen.

Mit dem Dülfer-Sitz kommt man recht einfach an verklemmte oder verletzte Paddler und an verklemmte Boote heran.
Achtung: Verwende den Dülfersitz nicht bei mehr als hüfthohem Wasser! Ab da hilft nur noch eine Schwimmweste mit Bergegurt und eine weitere Sicherungsperson.
Erreichst Du das Opfer, so kannst Du mit der Führungshand arbeiten; Deine Steuerhand hält Dich am Seil in Position.
. . . solltest Du Probleme bekommen: Beuge Deinen Kopf vor und hol mit der Führungshand das Seil über den Kopf.

Wie kommt ein gestrandeter Paddler ohne zu schwimmen vom Fluß ...?

Seil von Boot zu Boot

Eine schnelle Methode zur Rettung aus Rückläufen, der/die Retter/in öffnet die Spritzdecke, holt den Wurfsack heraus (sehr einfach bei einer Seilhalterung zwischen den Knien), schließt die Spritzdecke wieder und wirft das Seil.

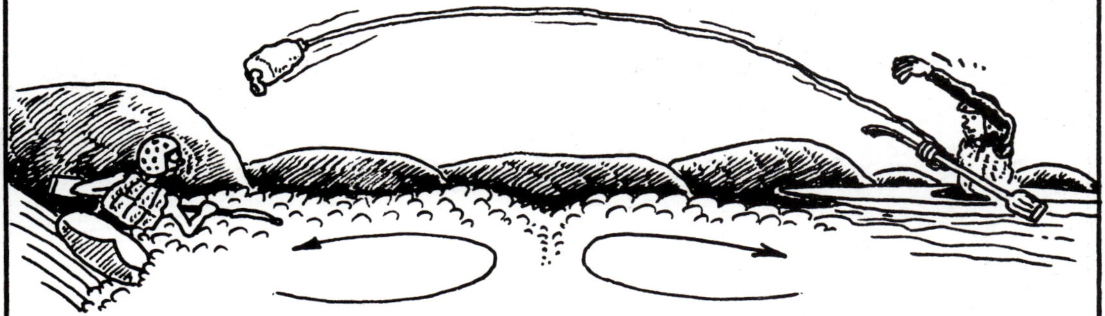

Das Opfer greift zum Seil (siehe S. 97) und hält es gut fest. Der Retter paddelt in die Strömung und der Wasserdruck auf sein Boot zieht das Opfer aus dem Rücklauf.

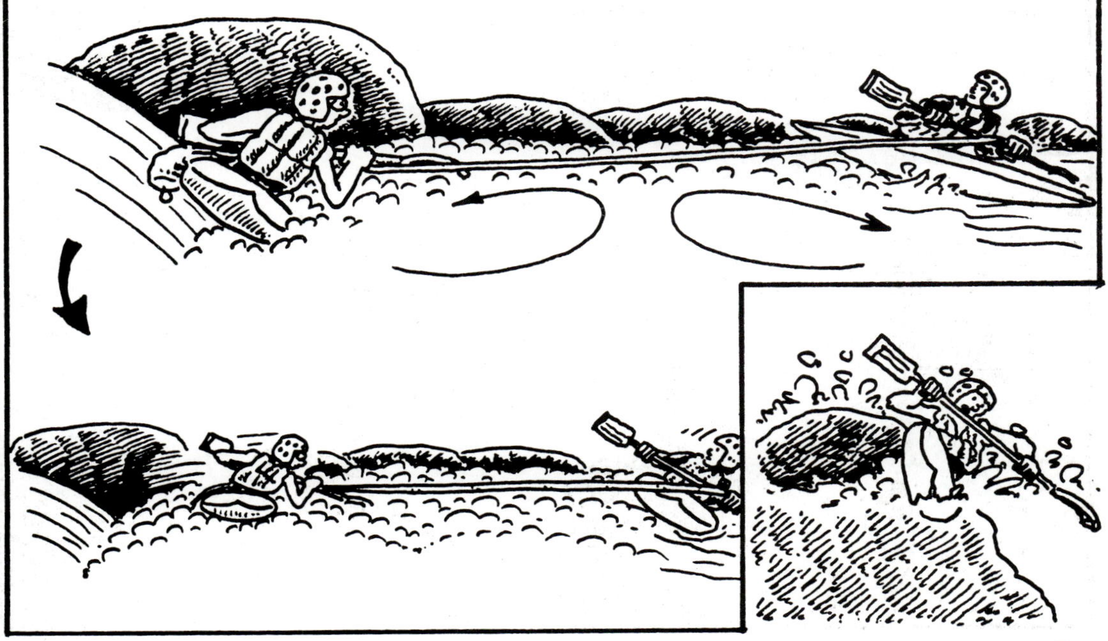

Noch ein paar Seiltricks – **Mann/Seil/Boot-Kette**
Die Rettung eines Schwimmers aus einem Rücklauf kann nach folgender Methode durchgeführt werden:

Es muß ein fester Stand- oder Sitzpunkt flußabwärts gefunden werden. Das Seil wird durch die Bootsschlaufe geführt. Es darf kein Knoten im Seilende sein, er könnte sich in der Bootsschlaufe verklemmen. Je nach Situation ist das Einhängen des Seils in den Ausklinkgurt am Paddler vorzuziehen.
Der Paddler steuert sein Boot in den Rücklauf, gehalten vom Retter am Ufer.

Sollte der Bootsretter im Loch querschlagen (das muß eigentlich durch ein straffes Seil verhindert werden), so zieht der Seilführer sein Seil aus der Schlaufe zurück und nutzt den Wurfsack des Bootsretters (3 Paddler = 3 Wurfsäcke, also 2 Wurfsäcke am Ufer). Bei solchen Aktionen ist äußerste Vorsicht geboten, unüberlegtes Handeln hat schon oft zu Todesfällen geführt . . .!

Einhändiges Walzenreiten – oder **wie pack' ich ein Seil** *in der Walze:*

Hier siehst Du, was passiert, falls Du 1. das Seil mit beiden Händen greifst und/oder 2. Körper und Boot falsch kantest (richtig wäre: flußauf).

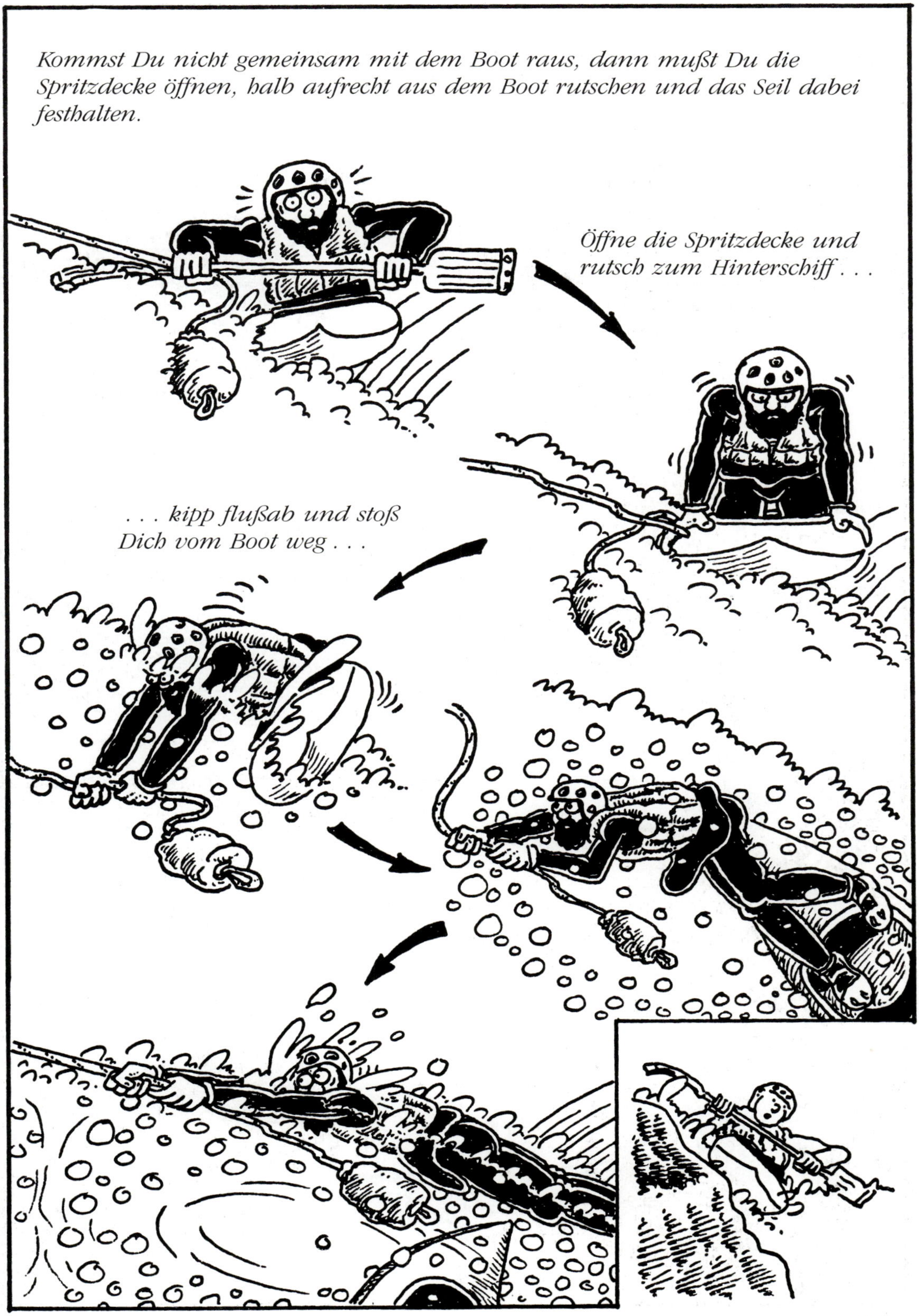
Kommst Du nicht gemeinsam mit dem Boot raus, dann mußt Du die Spritzdecke öffnen, halb aufrecht aus dem Boot rutschen und das Seil dabei festhalten.
Öffne die Spritzdecke und rutsch zum Hinterschiff . . .
. . . kipp flußab und stoß Dich vom Boot weg . . .

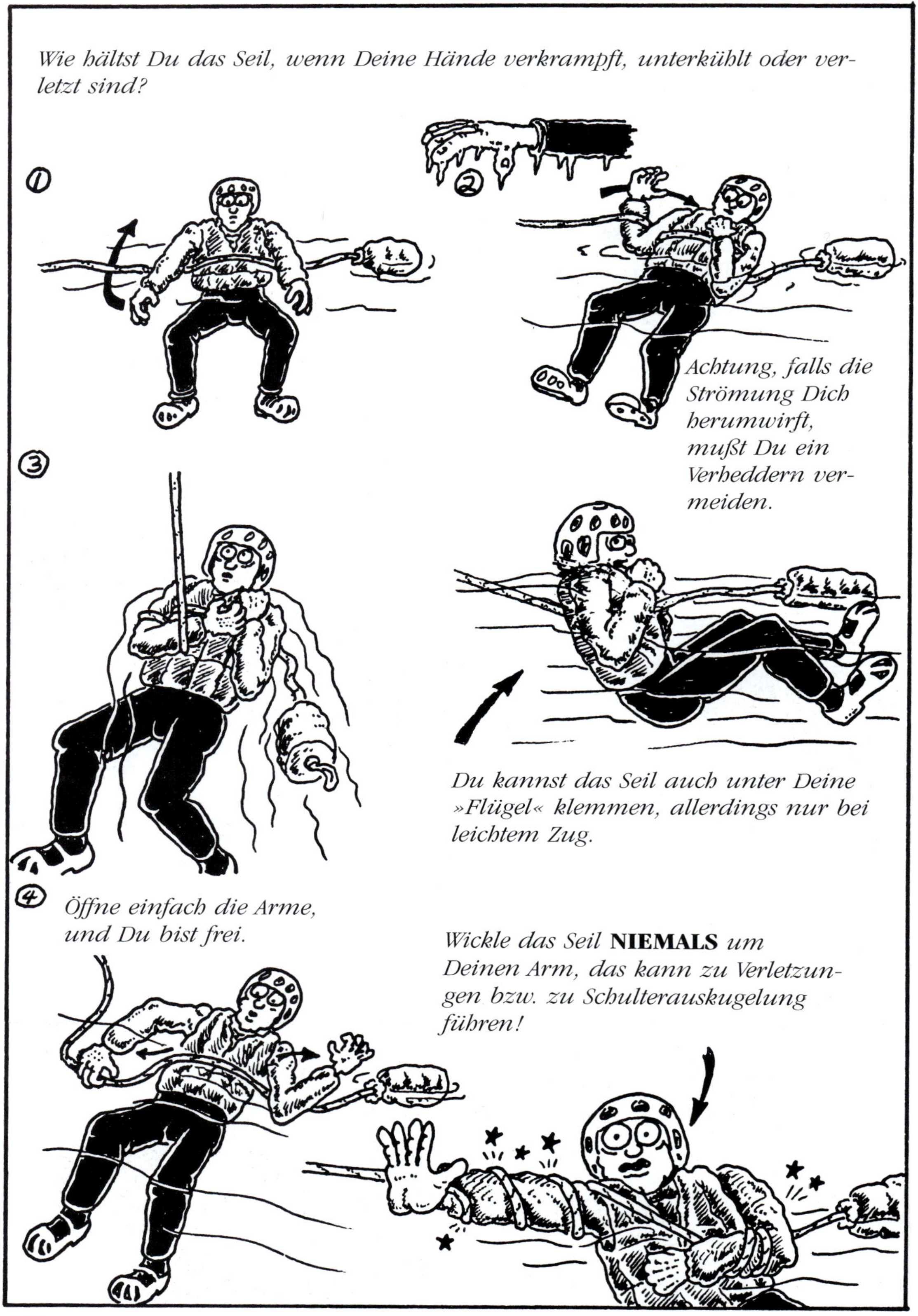

Wie hältst Du das Seil, wenn Deine Hände verkrampft, unterkühlt oder verletzt sind?
①
②
Achtung, falls die Strömung Dich herumwirft, mußt Du ein Verheddern vermeiden.
③
Du kannst das Seil auch unter Deine »Flügel« klemmen, allerdings nur bei leichtem Zug.
④
Öffne einfach die Arme, und Du bist frei.
Wickle das Seil **NIEMALS** um Deinen Arm, das kann zu Verletzungen bzw. zu Schulterauskugelung führen!

Bei bewußtlosen Opfern auf großen und relativ leichten Flüssen hilft Schwimmrettung. Ein Paddler schleppt dann Retter und Opfer ab. Am besten zum Abschleppen ist eine Bergeleine (mit Karabiner) am Boot oder am Ausklinkgurt der Schwimmweste.

Hier zählt nur eines: Raus ans Ufer und wiederbeleben! (Paddler besuchen selbstverständlich einen Erste-Hilfe-Kurs, oder?)

Boots-Rettung

Diese prickelnde Abart eines Kajak-Rennens muß unter härtesten Bedingungen und in allen Katarakten ablaufen können. Dabei müssen Schwimmer schnellstens erreicht und abgeschleppt werden. (Einen aktiven Schwimmer aber niemals in die Bergeleine einhängen!) Man munkelt, daß diese Technik von Paddlern entwickelt wurde, die ihre Wurfseile im Auto liegengelassen haben. Zuweilen sieht man dabei chaotische Bootsbaustellen entstehen. Ohne Zeichenabsprache und Übung läuft halt nichts. Solche Chaos-Aktionen laufen dann auch unter dem Namen Katastrophenpaddeln. Richtig durchgeführt, ist die Bootsrettung eine sehr sichere Art der Rettung hilfloser Schwimmer, drei Regeln vorausgesetzt.

Die drei wichtigsten Regeln

(1) Bring Dich und den Schwimmer niemals in höhere Gefahr (Grundsatz der Gefahrenminderung).

(2) Nimm keinen Körperkontakt mit einem Schwimmer auf, es sei denn, Du erkennst sofort den mentalen Zustand des Opfers. (Grundsatz der vermuteten panischen Reaktionsunfähigkeit.)

(3) Der rettende Paddler bestimmt die Aktion. Der Schwimmer ist von ihm abhängig und muß die Anweisungen des Retters befolgen. (Grundsatz der überlegenen Beurteilungsmöglichkeit durch den Retter.)

Das Opfer

Früher oder später geht jeder Retter zu nahe an einen panischen Schwimmer heran. Der Paddler wird von ihm in Walzen, Wasserfälle oder Klemmholz gezogen. Der Schwimmer wird versuchen, seinem Retter auf den Kopf zu klettern, sein Paddel als Trittbrett zu benutzen und ihn damit zu kentern. Schau Dir genau an, wen Du rettest, bei panischen Schwimmern mußt Du auf alles gefaßt sein, die Schwierigkeiten verdoppeln sich.

Für den Retter gibt es zwei Sorten von Schwimmern:

Gutes Opfer **Schlechtes Opfer**

Die panischsten Schwimmer sind meistens Kraftmeier, die sich zuviel zugetraut haben. Die Erkennungszeichen sind: Geschrei, unkontrolliertes Herumgeschlage, Sprachstörungen, Stöhnen usw. Am besten kriegt man raus, ob jemand in Panik ist, wenn er nicht sagt: »Alles klar, hol mein Boot!« Ist Panik vorhanden, dann halte erst Abstand (es sei denn, es besteht Gefahr für den Schwimmer und Dich) und rede beruhigend auf ihn ein. Du solltest irgendwie die Verkrampfung des Opfers lösen, damit es Deinen Anweisungen folgt!

Wie wird man einen panischen Schwimmer los?

Das Bergungsboot hat vier Hauptfunktionen:

① *Psychologische Unterstützung*

② *Rettungsinsel*

③ *Zugesel*

④ *Bulldozer*

Bevor Paddler eine Sicherung durchführen, überschauen sie den Flußverlauf und machen einen **PLAN**. *Während einer Bergung mag Unvorhergesehenes eintreten, der Plan kann sich ändern, aber er gibt Rettern und Schwimmern einen Handlungsrahmen. Außerdem gibt das den vom Boot aus sichernden Paddlern neben Rumsurfen oder Kerzenbauen etwas zu tun.*

Der Sicherungspaddler muß sich flußab orientieren, er muß sich einen Rettungsplan überlegen.

Die beste Bootssicherung besteht aus zwei Paddlern. Einer kümmert sich um den Schwimmer, der andere um's Material (zur Bootsbergung ist eine Bergeleine optimal). Die Aufteilung ist eindeutig, beides ist alleine nicht machbar, außerdem geht Lebensrettung vor Materialbergung.

Um die Bremswirkung zu verringern, kann sich der Schwimmer von unten an das Boot klammern. Sieht verrückt aus, aber funktioniert.

Beim Abschleppen hat der Retter drei Möglichkeiten (dafür der PLAN)

① *Den Schwimmer sofort an Land ziehen*

② *Den Katarakt gemeinsam abfahren und im nächsten Kehrwasser rauspaddeln*

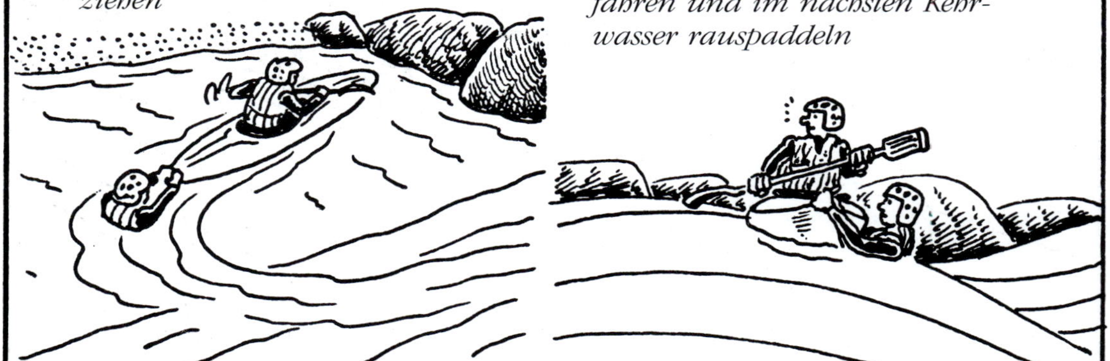

③ *Den Schwimmer in eine sicherere Position bringen*

Abschleppen von Schwimmern ist eine langwierige, kräftezehrende Angelegenheit. Der Schwimmer sollte aktiv schieben, wenn nicht, muß man ihn dazu anweisen.

Nutze die Strömung, um die Geschwindigkeit zu erhöhen und ein Kehrwasser anzufahren (bist Du zu langsam, dann packst Du das Kehrwasser nicht!)

Ob Du hinten oder vorne abschleppst, ist Deine Sache und abhängig vom Flußlauf. Es ist zwar leichter, einem Schwimmer den Bug hinzupaddeln, aber rückwärts schleppen ist dafür schwerer. Der Schwimmer kann aber nach Erreichen der Spitze ans Heck hangeln oder umgekehrt, je nach Situation.

Häng panische Schwimmer an den Bug, so hast Du Kontrolle über sie!

Ist es sehr schwer, einen Schwimmer ins Kehrwasser zu ziehen oder zu stoßen, dann hilft eine Mann-Boot-Kette dem Schwimmer, die Verschneidung zu überwinden:

An Kehrwasserverschneidungen werden Schwimmer meist abgesaugt und tauchen ein Stück flußab wieder nahe der Verschneidung auf:

Sollte der Retter den Schwimmer an der Verschneidung verlieren, so läßt er sich mittreiben und erreicht den Schwimmer genau am Auftauchpunkt.

Viele Schwimmer lassen im Kehrwasser viel zu früh die Bootsschlaufe los, sie glauben, außer Gefahr zu sein, werden aber wieder aus dem Kehrwasser rausgerissen. Der Retter hat das Kommando, und erst auf seine Anweisung läßt der Schwimmer los. Damit verhindert der Retter eine zweite Bergeaktion. (Vorzeitiges Loslaß-Syndrom)

Wird ein Schwimmer in leichteren Walzen/Rückläufen gehalten und rotiert, dann wartest Du als Retter gerade unterhalb der Wirbelzone und erreichst ihn immer im Moment des Auftauchens. Denk daran, der Schwimmer könnte Dich ins Loch ziehen, also mußt Du die Situation genau einschätzen können.

Du bringst am einfachsten Deine Spitze zum Schwimmer; so hast Du die beste Kontrolle über Rücklaufströmung und Schwimmer.

Pegelfieber

(oder Hochwasser-Technik, vorausgesetzt Du vergißt Treibholz und Bäume und sonstige Unannehmlichkeiten)

Einleitung

Jedes Jahr gibt es bei uns Tage mit viel Regen und danach schönstes Paddelwetter. Klar, wir laden unsere Boote auf und fahren schnell zu unserem, dann hochwasserführenden Bach. Jedesmal treffen wir an der Einstiegsstelle ein paar Spinner mit billigen Schlauchbooten oder Kanus. Obwohl wir auf das Risiko hinweisen und eine Befahrung nicht empfehlen, erreichen wir nur das Gegenteil. Unsere Schilderungen erhöhen nur ihren Adrenalinspiegel und Expeditionswillen. Also, wenn die Wahrheit nicht wirkt, lüge!

Hier ein paar Tips:

Könnt Ihr uns Eure Namen und Telefonnummern geben, damit wir Eure Überreste identifizieren lassen können?

Da gibt es einen Bauern nach der nächsten Kurve, er wartet auf Euch. An der großen Walze müßt Ihr umtragen, da jagt er dann Hund und Stier auf Euch.

Letztes Jahr gab's auch ein paar Cracks, die haben dann aber jeder 3 000,-- DM für eine Hubschrauber-Bergung bezahlt.

Da gibt es einige Wasserschlangen im Fluß, wir haben schon von einigen Unfällen gehört.

Die Sache mit der Schlange haut meistens hin. Wir starten natürlich erst, wenn sie weg sind. Hochwasserpaddeln soll nicht verpönt werden, aber viele paddeln bei Hochwasser entweder ungewollt (plötzlicher Pegelanstieg), aus Ignoranz oder weil sie ihr Können überschätzen (eine Form von genetischer Fehlprogrammierung).

Fragt mich jemand: »Also, ich bin topfit, kann ich auf's Hochwasser?«, dann antworte ich: »Nein, aber wenn Du's machst, dann lese vorher diese Seiten und lerne von meinen Fehlern. Denk daran, Du fährst nicht Stelle für Stelle, sondern eine einzige lange ›Stelle‹«.

Erst einmal sollten wir uns darüber im Klaren sein, daß Hochwasserpaddeln eine recht gefährliche Sache sein kann. Es verlangt wirklich exzellente Paddeltechnik, absolut sicheres Rollen, einwandfreie Rettungstechnik, sehr gutes Sichern und überdurchschnittliche Flußerfahrungen (vom Boot aus, nicht aus irgendeinem oder selbst aus diesem Buch). Kenntnisse des Flusses bei Normalwasser, ein klarer Kopf und ein gesunder Menschenverstand sind nötig. Flußkenntnis ist die wichtigste dieser Voraussetzungen. Ist der Bach neu für Dich, dann laß es besser sein! Bei Hochwasser wird alles schwerer. Neue, vielleicht auch unausweichliche Gefahren entstehen. (Rückläufe in Flußbreite, Baumverhaue, unterspülte Brücken usw.)

Deine Kenntnis des Flußlaufs bestimmt weitgehend, ob Du eine sichere Befahrung startest. Wenn Du nicht weißt, wo diese neuen Gefahren entstehen können, wirst Du vielleicht als Fischfutter enden. Sei doppelt vorsichtig, einmal weniger gepaddelt ist besser als zu ertrinken!

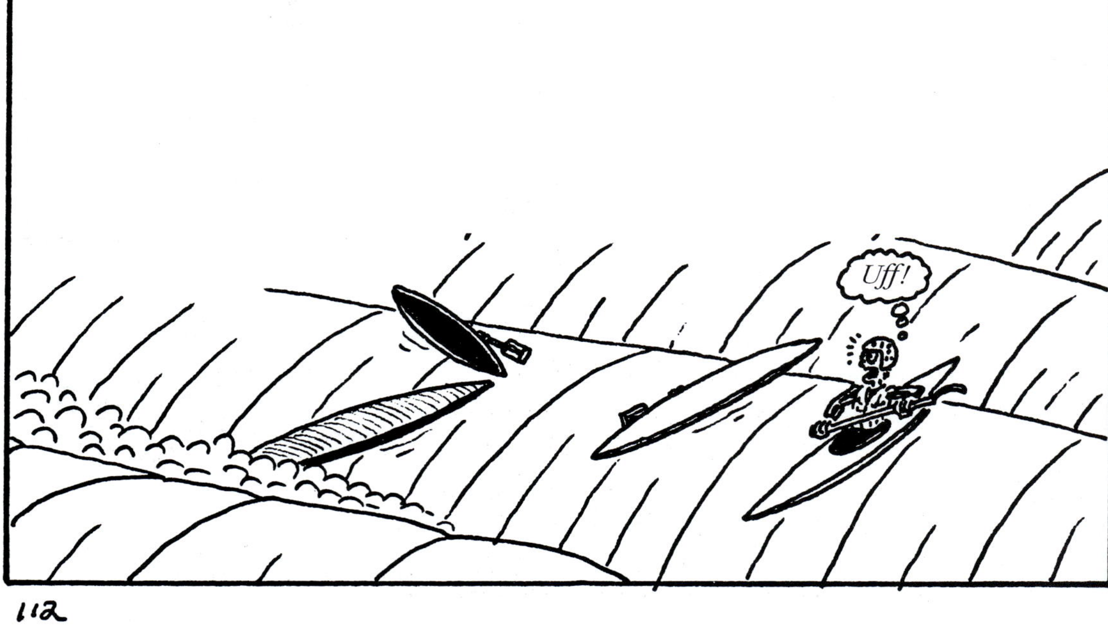

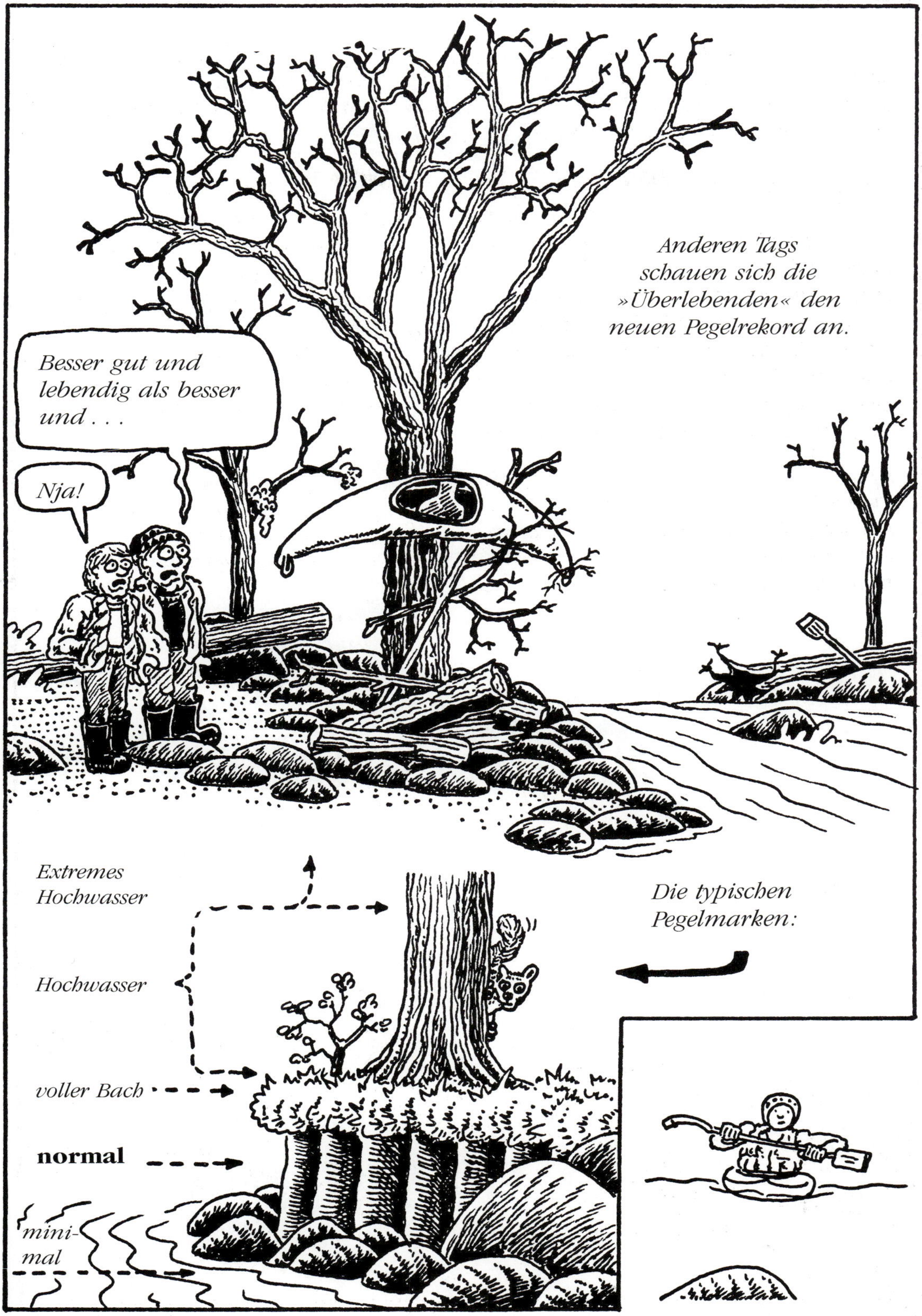
Anderen Tags schauen sich die »Überlebenden« den neuen Pegelrekord an.
Besser gut und lebendig als besser und . . .
Nja!
Die typischen Pegelmarken:
Extremes Hochwasser
Hochwasser
voller Bach
normal
mini-mal

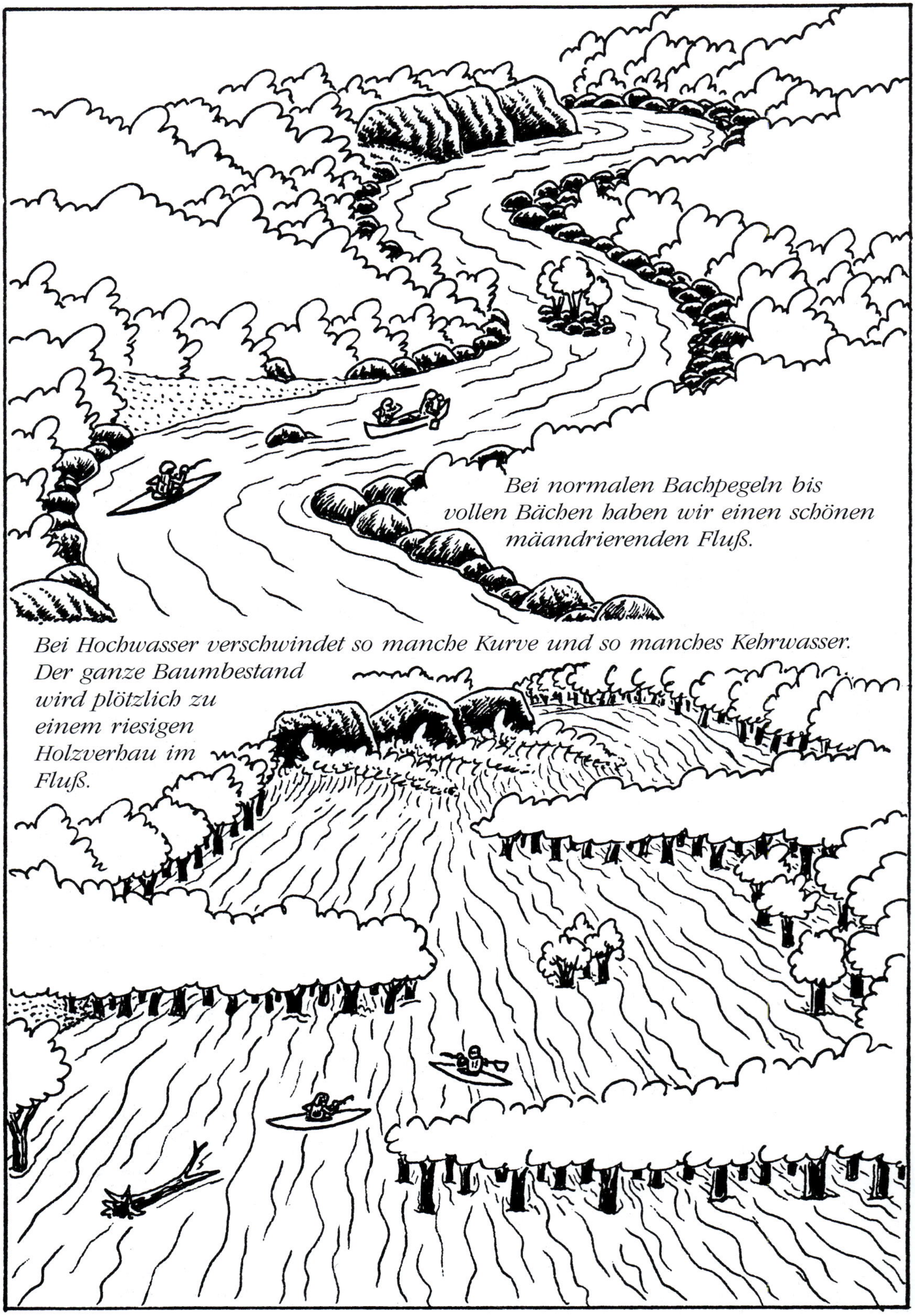
Bei normalen Bachpegeln bis vollen Bächen haben wir einen schönen mäandrierenden Fluß.
Bei Hochwasser verschwindet so manche Kurve und so manches Kehrwasser. Der ganze Baumbestand wird plötzlich zu einem riesigen Holzverhau im Fluß.

Bei normalen Pegelständen schlängelt sich ein Fluß innerhalb seiner Ufer (A). Durch Hochwasser wird die Kernströmung stärker, konzentrierter und tendiert dazu, geradliniger zu fließen. Erst an größeren Hindernissen wird sie abgelenkt, dann aber meist sehr stark (B).

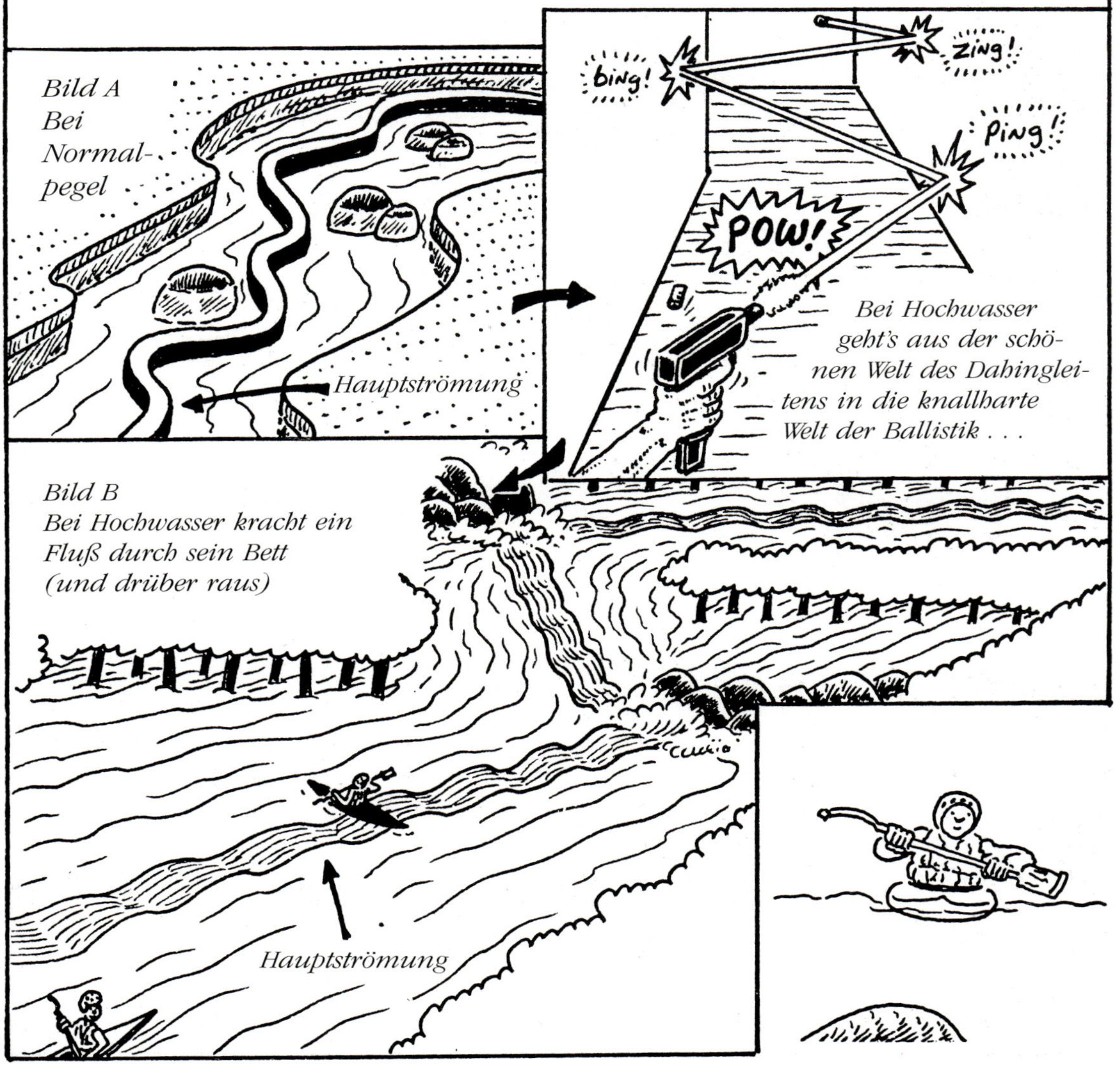

Ändert die Hauptströmung plötzlich ihre Richtung, dann entsteht neben der neuen Strömungsrichtung eine stark verwirbelte Zone. Je nach Wassermenge und Geschwindigkeit entstehen starke Pilze, Verschneidungen oder auch Strudel. Oder alles zugleich.

Die Verwirbelungszone ist von flußauf nur schwer zu erkennen. Trotzdem kannst Du sie vorausahnen und meiden oder darauf vorbereitet, entsprechend abstützen. Im Bild oben bleibt der Paddler im weißen Boot zu weit in der Mitte und fällt blind in die Verschneidung, wo es ihn regelrecht umsaugt. Der Paddler im schwarzen Boot dagegen vermeidet das alles und steuert stark nach links.

Die üblichen Kajaklehren empfehlen hier die Route in der Innenkurve. Dummerweise gerät man da genau in die schlimmste Verwirbelung. Besser fährt man in der Hauptströmung und surft die Wellen zur Flußmitte hin ab.

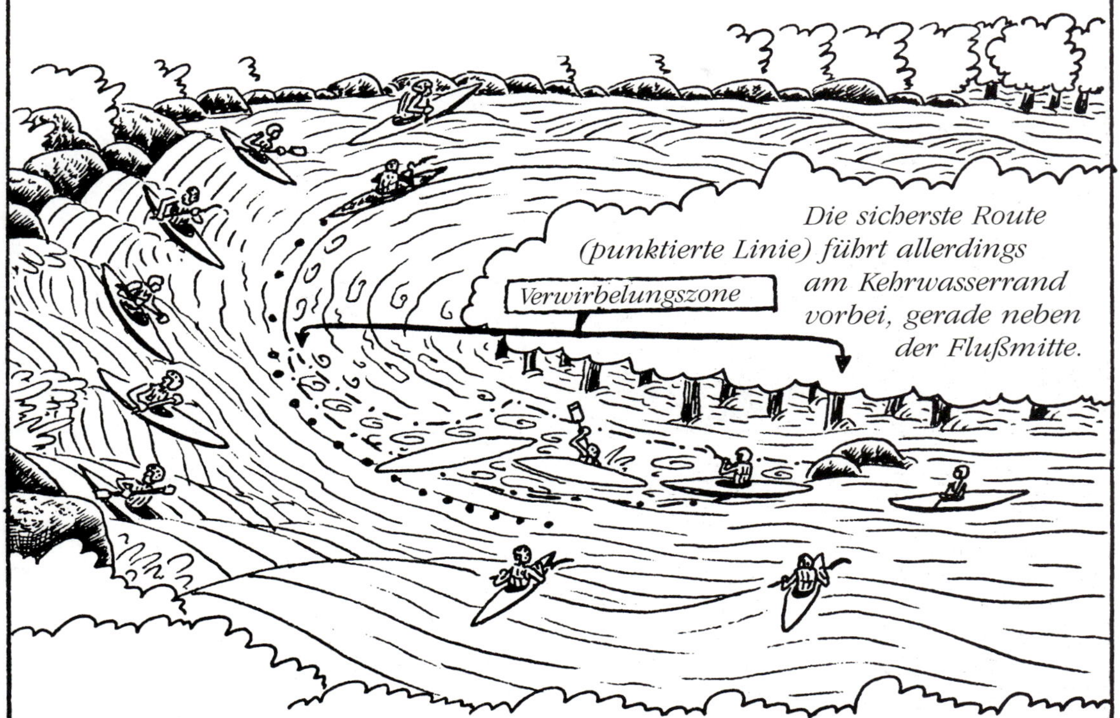

Sollten irgendwelche Hindernisse (z.B. Bäume) in der Außenkurve auftauchen, dann mußt Du sie frühzeitig erkennen (rückwärts schauen und schnell weiter zur Flußmitte surfen).

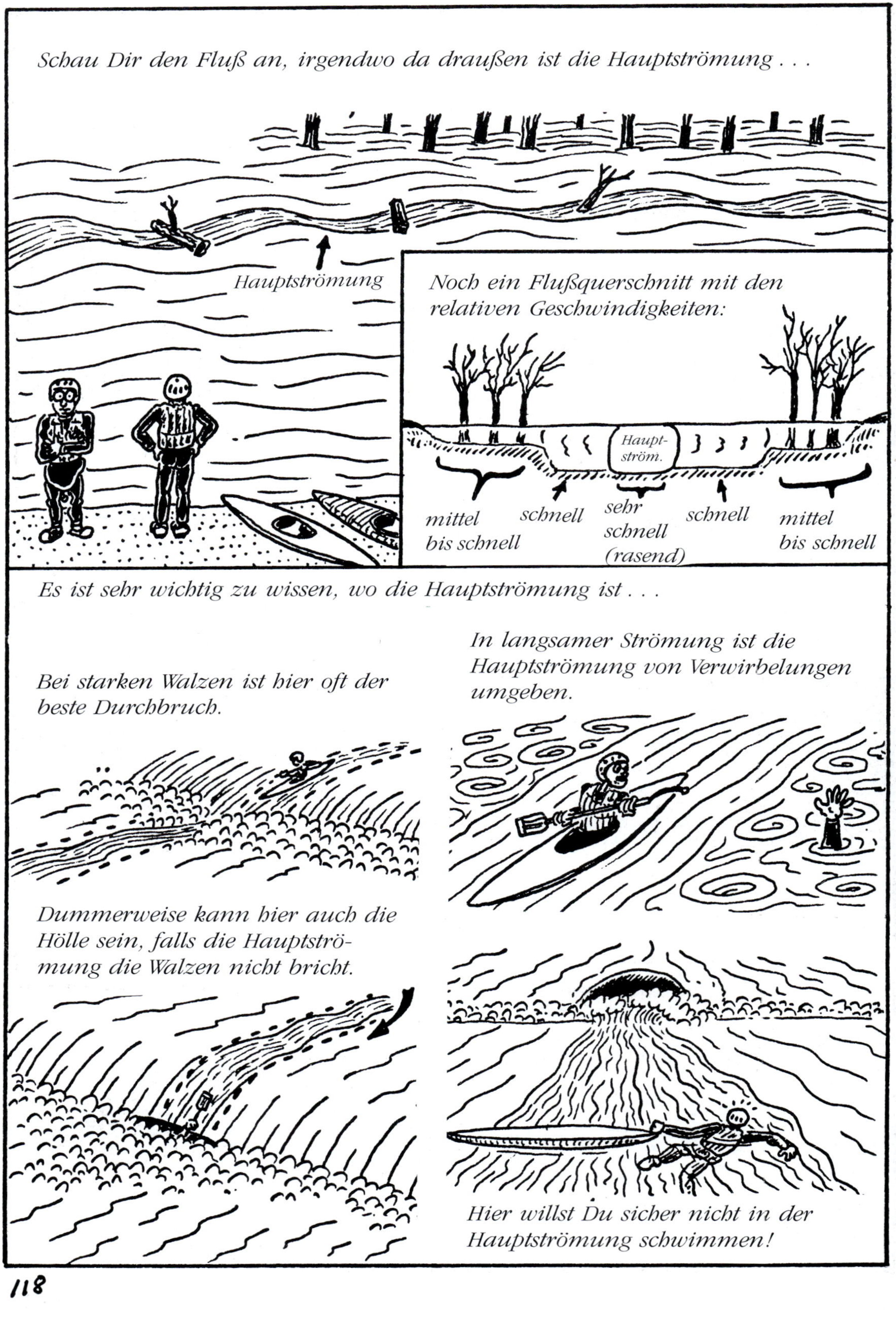
Schau Dir den Fluß an, irgendwo da draußen ist die Hauptströmung . . .
Hauptströmung
Noch ein Flußquerschnitt mit den relativen Geschwindigkeiten:
Haupt-ström.
mittel bis schnell
schnell
sehr schnell (rasend)
schnell
mittel bis schnell
Es ist sehr wichtig zu wissen, wo die Hauptströmung ist . . .
Bei starken Walzen ist hier oft der beste Durchbruch.
In langsamer Strömung ist die Hauptströmung von Verwirbelungen umgeben.
Dummerweise kann hier auch die Hölle sein, falls die Hauptströmung die Walzen nicht bricht.
Hier willst Du sicher nicht in der Hauptströmung schwimmen!

Sonstige hochwassertypischen Abnormitäten . . .
Wehre werden zu 100 % tödlich!
Was ist das?
Wildwasser V...
Seit wann?
Jetzt ist' aus!
Manche Katarakte verschwinden (ersaufen), andere entstehen, wo nie vermutet.
Ein Schwimmer legt in 2 Minuten 1 Kilometer zurück
Ein Katarakt, der 20 Minuten für's Besichtigen braucht, ist in 5 Minuten gepaddelt . . .
Einmal im Schwall, verlierst Du die Übersicht . . .
Einzelne Schwälle verbinden sich zu einem einzigen, langen, schweren Schwall . . .

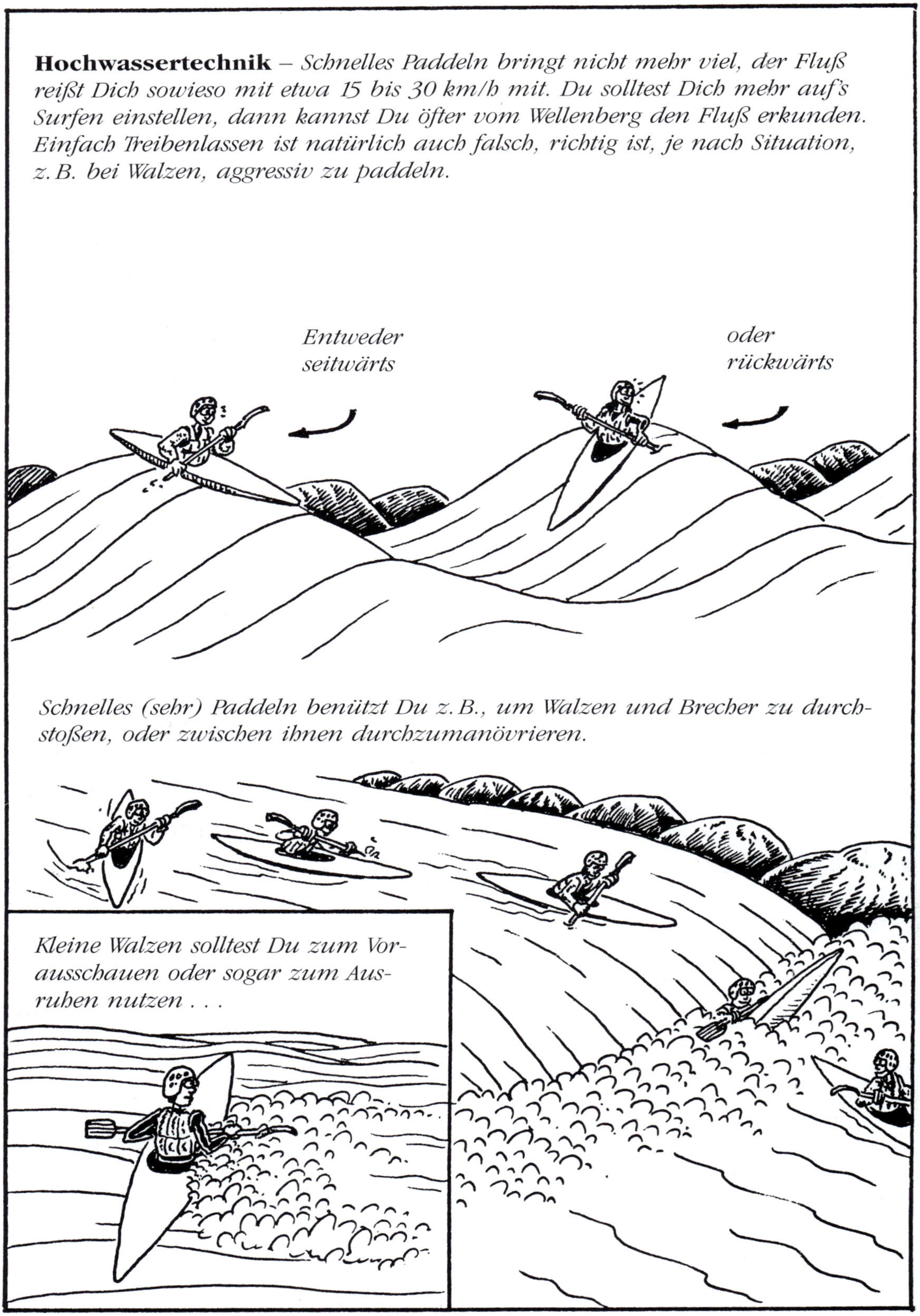
Hochwassertechnik – *Schnelles Paddeln bringt nicht mehr viel, der Fluß reißt Dich sowieso mit etwa 15 bis 30 km/h mit. Du solltest Dich mehr auf's Surfen einstellen, dann kannst Du öfter vom Wellenberg den Fluß erkunden. Einfach Treibenlassen ist natürlich auch falsch, richtig ist, je nach Situation, z.B. bei Walzen, aggressiv zu paddeln.*
Entweder seitwärts
oder rückwärts
Schnelles (sehr) Paddeln benützt Du z.B., um Walzen und Brecher zu durchstoßen, oder zwischen ihnen durchzumanövrieren.
Kleine Walzen solltest Du zum Vorausschauen oder sogar zum Ausruhen nutzen . . .

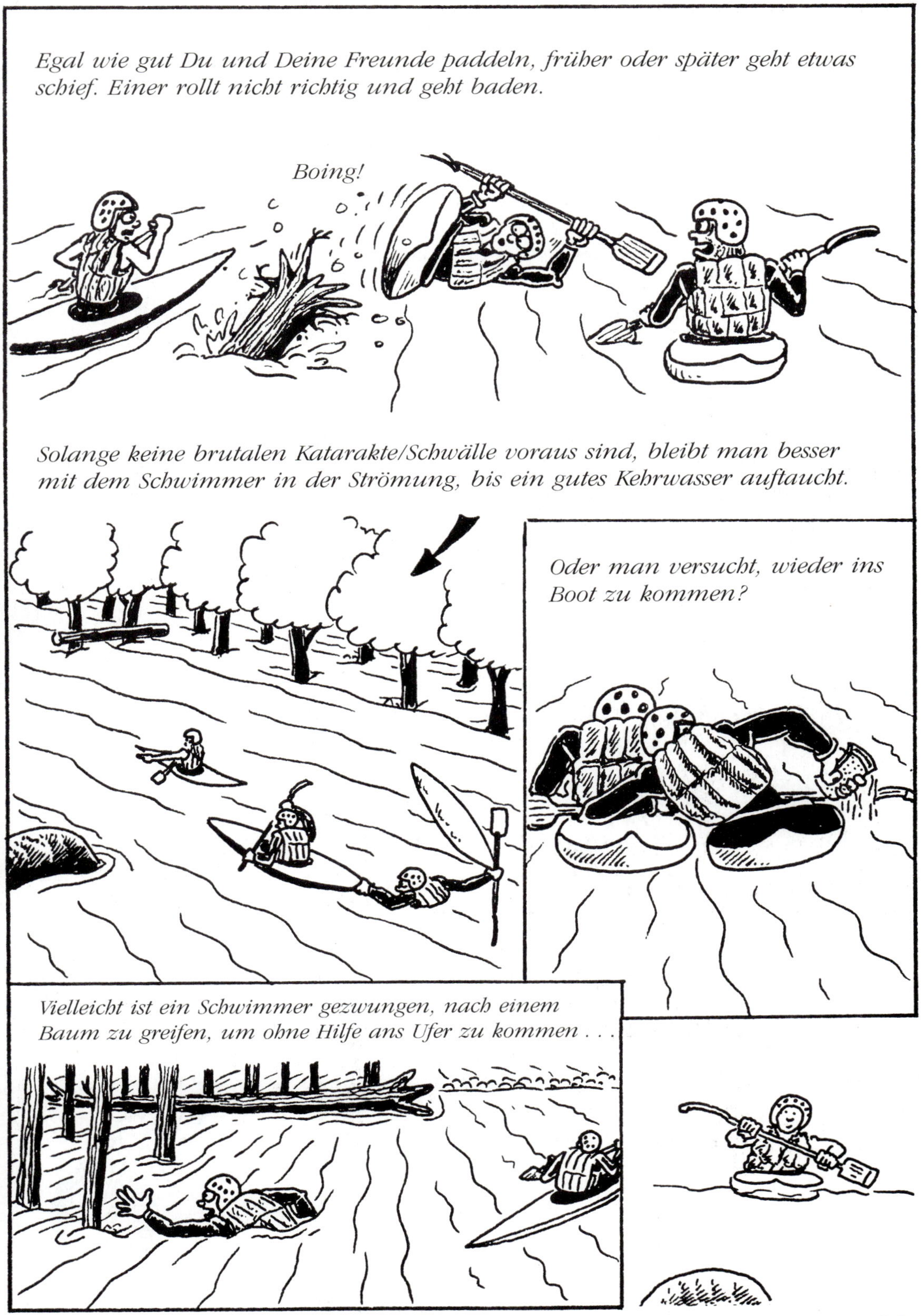
Egal wie gut Du und Deine Freunde paddeln, früher oder später geht etwas schief. Einer rollt nicht richtig und geht baden.
Boing!
Solange keine brutalen Katarakte/Schwälle voraus sind, bleibt man besser mit dem Schwimmer in der Strömung, bis ein gutes Kehrwasser auftaucht.
Oder man versucht, wieder ins Boot zu kommen?
Vielleicht ist ein Schwimmer gezwungen, nach einem Baum zu greifen, um ohne Hilfe ans Ufer zu kommen . . .

Versuch mal, Dir das vorzustellen; schnelles Wasser und ein rettender Ast:

(1) Setz Dich auf Dein Mountain-Bike (oder sonst was) und fahr' so schnell Du kannst.

Am besten, Du gehst in »Stellung« und verwendest Deine Füße als Stoßdämpfer an Bäumen oder anderen Hindernissen.

Merke: *Bleib weg von Holz, Pfeilern etc. . . .*

ABER: *manchmal –*
mußt Du den Baum erwischen (z.B., um einer Gefahr zu entgehen). Pack den Baum seitwärts und schwing Dich herum, dahinter sind kleine Kehrwasser, die Dir helfen.

Pack den Baum (oder Felsen) **niemals** *von flußauf!*

Noch ein paar Gemeinheiten bei Hochwasser:

Bäume auf Wanderschaft

Stacheldraht

überspülte Furten

»enge« Brücken

Totes Vieh

große Strudel

Frage: *Also . . ., nach all den schlechten Nachrichten und Gefahren auf Hochwasser führenden Flüssen (Bäume, Klemmholz, Killerwalzen, Strudel, Verwirbelungen, explodierende Wellen usw. usw. usw.), WARUM paddeln wir dann noch auf Hochwasser?*
Antwort: *Weil's Spaß macht*
Hochwasserpaddeln ist wie eine Fahrt auf einem Güterzug in den Bergen mit defekten Bremsen.

ERSTE HILFE
FÜR PADDLER

Mach mit bei einem ERSTE-HILFE-Kurs!!

Erste-Hilfe am Fluß, meist weitab in Schluchten, kann man NICHT einfach durch Bücherlesen lernen.

Kurse führen Organisationen wie Deutsches Rotes Kreuz, Malteser-Hilfsdienst usw. durch.
In Kanuvereinen werden oft entsprechende Sicherheitskurse mit Erster Hilfe für Paddler angeboten. Inzwischen bieten auch manche Kajakschulen Sicherheitskurse mit Erster Hilfe an.

*Noch so eine Horror-Geschichte . . .**

** und viele andere starke Geschichten in William Nealy's »WHITEWATER TALES OF TERROR«, seine besten Comics über's Kajakleben.*

NOTIZEN

Hier geht's los mit dem Daumen-Kino

ANHANG

(nachgedruckt aus Nealy's WHITEWATER HOME COMPANION*, Teil II)

* *Ein Flußführer im typischen Nealy-Stil für den Südosten der USA.*

Überlebenstraining . . .

Walzen und Brecher

Wie's einen zermantscht:

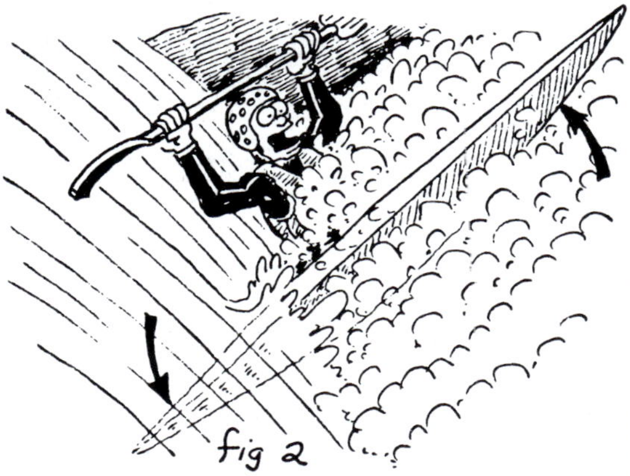

Der Paddler kommt ohne Vorwärtsfahrt ins Loch, aufrecht sitzend und mit einer Luftstütze.

Der Bug wird von der Walze angehoben, das Heck bekommt Oberwasser und der aufrechte Körper verstärkt noch die Bremswirkung der Walze.

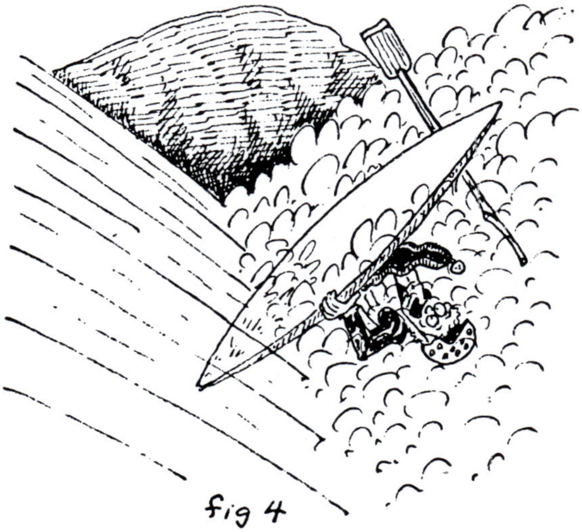

Das Boot überschlägt sich herrlich rückwärts, der Paddler übt eine umgekehrte, hohe Stütze . . .

Nach einem guten Waschgang steigt er aus, vielleicht will er Bodysurfen?

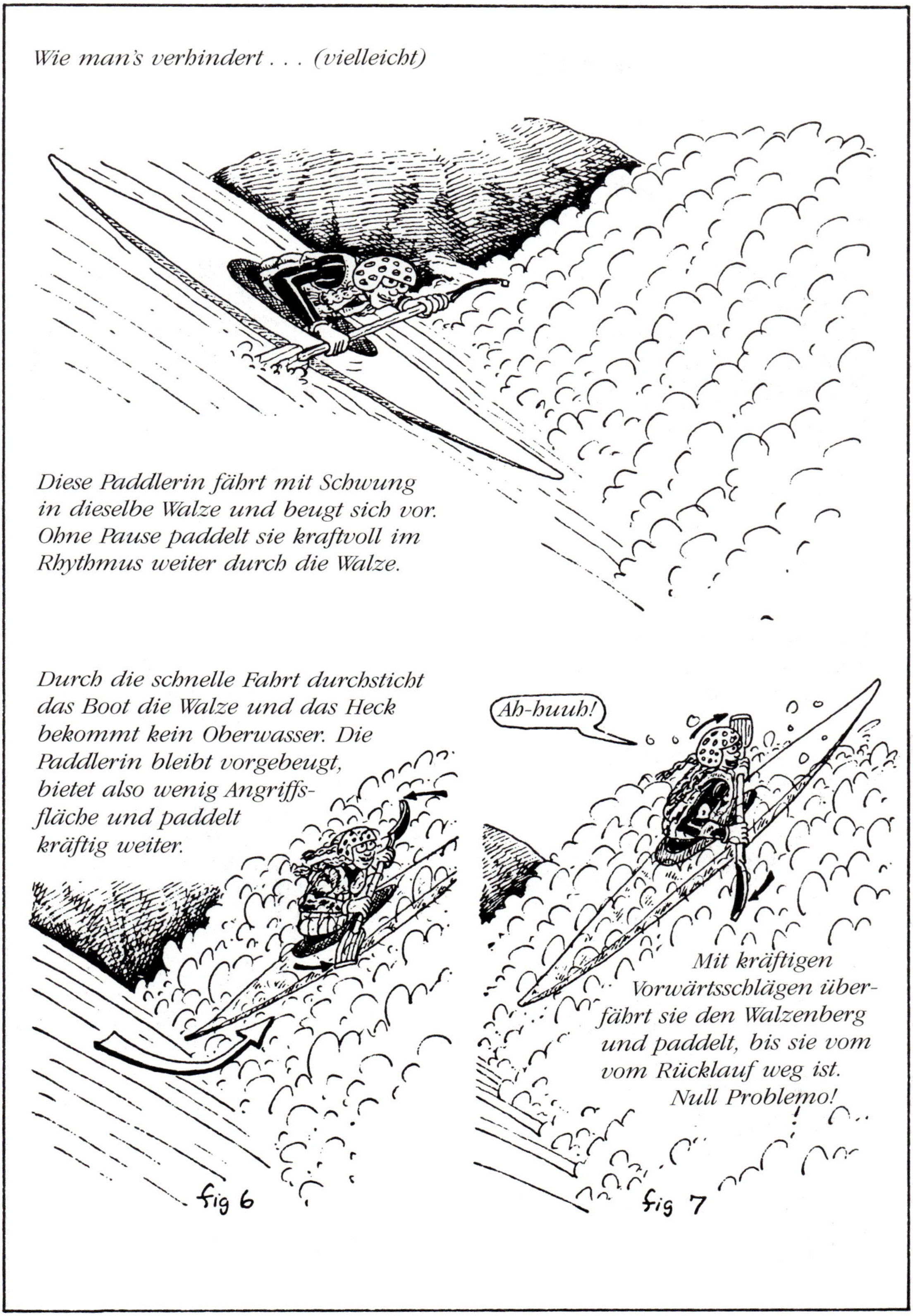
Wie man's verhindert . . . (vielleicht)
Diese Paddlerin fährt mit Schwung in dieselbe Walze und beugt sich vor. Ohne Pause paddelt sie kraftvoll im Rhythmus weiter durch die Walze.
Durch die schnelle Fahrt durchsticht das Boot die Walze und das Heck bekommt kein Oberwasser. Die Paddlerin bleibt vorgebeugt, bietet also wenig Angriffsfläche und paddelt kräftig weiter.
fig 6
Ah-huuh!
Mit kräftigen Vorwärtsschlägen überfährt sie den Walzenberg und paddelt, bis sie vom vom Rücklauf weg ist. Null Problemo!
fig 7

Wie gebe ich die Führung ab . . .?

Manche Paddler fahren als Erste in einen Katarakt hinein, um dann entsetzt festzustellen:

(1) Keine Kontrolle, keine Orientierung. (2) Falsch eingeschätzt und »Angst essen Seele auf«

Du willst nicht als Feigling dastehen? Also muß der Führungswechsel ungewollt aussehen.

Dabei helfen Dir einfachste Tricks: Erste Regel – Liegen zwei oder mehr Boote in einem Mikrokehrwasser, so geht der Erste als Letzter raus.

Alles, was Du brauchst, ist ein kleines Kehrwasser und jemand, den Du reinlockst:

Verdammt hinterlistig!

Zweite Regel – Boote leeren ist in WW IV notwendig, aber zeitaufwendig.

Mach die Spritzdecke auf und arbeite wie wild mit dem Schwamm, die anderen werden dann schon vorfahren.

Dritte Regel – Als Fotograf mußt Du als Erster im Katarakt sein und als Letzter rausfahren, Du sollst ja die Sache auf Zelluloid bringen.

Deine Freunde werden Dir gern die größten Hämmer vorfahren (testen), solange Du sie fotografierst. Sie werden Dich (und Deine Fotoausrüstung) auch als erstes retten . . .

Vierte Regel – Surfen macht mehr her als führen, also . . .

Nimm die erste Welle im Katarakt und versuch sie zu surfen. Deine Freunde werden gelangweilt weiterpaddeln.

Fünfte Regel – Im Sinne der Sicherheit müssen lockere Fußstützen oder Beckengurte bei der ersten Gelegenheit festgemacht werden.

Schau auf den Vordermann . . .

Auf steilen Bächen ist dauerndes Besichtigen fast unmöglich, Wasserfälle haben aber keine Schilder. Ein kluger Paddler weiß genau das Verhalten des Vorpaddlers (Tester) zu deuten, es gibt Aufschluß über viele Ungereimtheiten.

Panisches Rückwärtspaddeln an der Fallkante deutet auf schlechte Neuigkeiten.

Wie dem auch sei, wirklich interessant ist, wie es dem Tester nach dem Fall ergeht.

Ein lauter Bumms, Geschrei und ein feststehendes Heck deuten klar auf Steckgefahr hin.

Bleibt der Tester verdammt lange weg, so ist da garantiert eine gut saugende Walze.

Die beste Seite einer Walze ist die, an der der Tester herausgespült wird.

Großer, seitlicher Versatz des Testers deutet auf eine starke Schrägwalze hin.

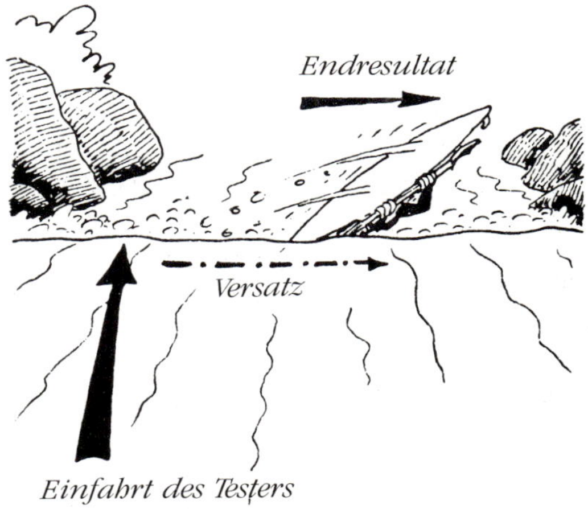

Eine gute Rückwärtskerze deutet auf ein tiefes, starkes Loch unterhalb.

Du kannst mit einem Sprung das Schlimmste überfliegen.

Totale Auflösung von Material und Fahrer: Eindeutige Umtragestelle!

Kehrwasser, Kehrwasserwände, Verschneidungen

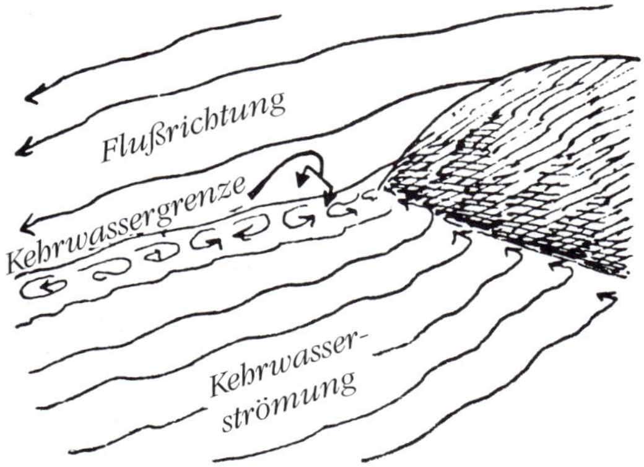

Die Kehrwasserlinie ist die Verschneidung zwischen der schnellen Hauptströmung und der langsameren Aufwärtsströmung des Kehrwassers.

Verlasse das Kehrwasser mit viel Fahrt, der Bug zeigt dabei flußauf. Lehne Dich flußab und stütze oder ziehe erst in der Hauptströmung. Zu frühes Stützen (oder hinten) führt schnell zu Kenterungen.

Bei hohen Pegeln wird die Kehrwasserlinie zur kräftigen Wand.

Sehr tiefliegende Kehrwasser sind hierbei häufig. Das Kehrwasser liegt tiefer als die Hauptströmung.

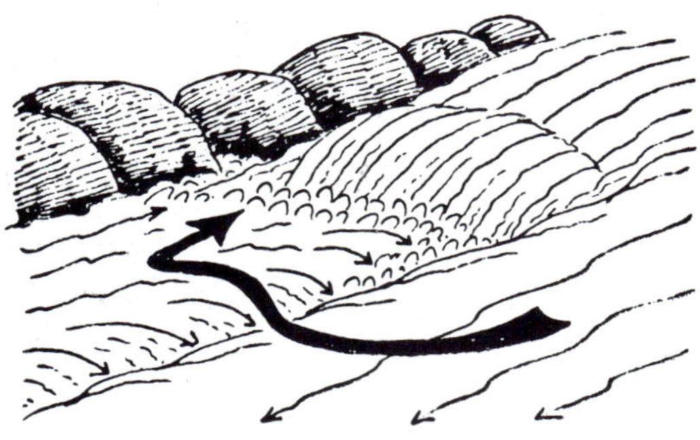

Ein pilzendes Kehrwasser liegt höher als der Hauptstrom. Der Paddler muß die Wand durchstoßen und »hochklettern«. Diese Sorte Kehrwasser liegt oft hinter überspülten Felsen.

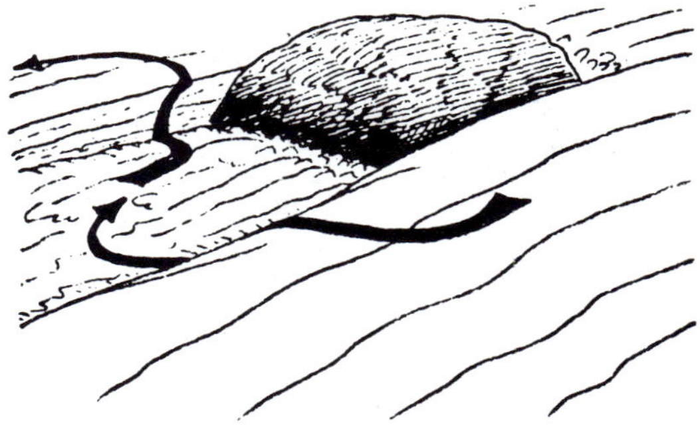

Reinfahren ist recht leicht, Geschwindigkeit und gutes Stützen ist alles. Zum Rausfahren mußt Du aber die Wand zur Hauptströmung hochpaddeln. Ganz klar, in solchen Kehrwassern geht's rund.

Ob hoch- oder tiefliegendes Kehrwasser, die Paddeltechnik ist fast die gleiche. Denk Dir die Kehrwasserwand einfach wie eine Walze . . .

Ein erhöhtes Kehrwasser wird schnell angefahren, Bug leicht flußab, stützen und dann von der Verschneidung wegpaddeln.

Ein tiefliegendes Kehrwasser verlangt sehr gutes Stützen oder Du fährst mit einer Aufwärtsseilfähre ein.

Rausgefahren wird mit viel Fahrt und stark flußaufweisendem Bug. Laß das Boot mit Fährtechnik von der Wirbelzone rausgleiten, stütze und paddle erst in der Hauptströmung.

Drehst Du das Boot auf der Wirbelzone (Du warst zu langsam oder stützt schon im Kehrwasser), dann haut es Dich um.

Rausgefahren wird wieder im spitzen Winkel zur Hauptströmung, mit viel Geschwindigkeit (Anlauf). Die Wand wird nah am Felsen durchstoßen, gewendet wird erst in der Hauptströmung.

Bei Hochwasser werden ganz ruhige, tiefe Stellen oft zu Strudeln, besonders bei Hindernissen flußab (z.B. Ammer, Kammerl). Boote oder »Badegäste« kreisen hier gerne bis zum Nimmerleinstag (A), (B), (C), (D).

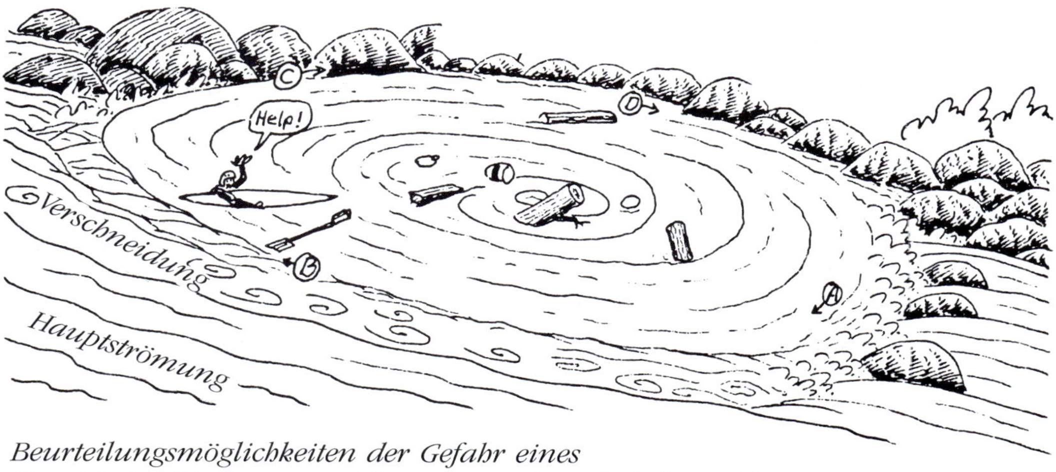

Beurteilungsmöglichkeiten der Gefahr eines Strudels bei Hochwasser: (1) Ist das Becken flußab geschlossen? (2) Kreist Holz, Abfall usw. im Strudel? Ein Ja reicht schon, dann laß die Finger davon.

Die Rettung von Gekenterten läuft genauso ab wie an Rücklaufen. Für Retter gilt auch hier zuerst die eigene Sicherheit.

Holzstämme etc. bedeuten weitere Gefahr für Retter und Schwimmer!

Die Einfahrt in den Strudel hat noch einen Nachteil: Beim Rauspaddeln wird der Schwimmer an der Verschneidungslinie abgesaugt, dabei kann man als Retter unter Umständen durch einen Überschlag kentern.

Beim Abschleppen durchfährst Du die Verschneidungslinie an der leichtesten Stelle, meist am unteren Ende. Am besten ist eine Seilrettung bei (C) oder (D), da das Opfer immer wieder vorbeitreibt. Paddel und/oder kurzes Seil dienen zur Bergung. Bei Bewußtlosen oder Booten hilft ein Paddelhaken.

Ein Schwimmer wird meist am oberen Ende der Verschneidung abgesaugt und taucht ein Stück flußab wieder an ihr auf. Dort sollte Dein Heck sein, da hast Du als Retter die beste Möglichkeit, ihn zu erreichen und herauszuziehen.

Oft werden Schwimmer am Wurfseil vom Retter in die Verschneidung gezogen. Sicherungsposten müssen sich das Kehrwasser genau ansehen und dann entscheiden, ob es sicherer ist, den Schwimmer durch die Verschneidung ins Kehrwasser zu ziehen oder ihn unterhalb des Kehrwassers an Land zu pendeln.

Retter (B) pendelt den Schwimmer unter dem Kehrwasser ans Ufer. Retter (C) packt den Schwimmer, bevor er wieder flußauf gezogen wird.

Retter (A) steht über dem Kehrwasser und pendelt den Schwimmer durch den schlimmsten Teil der Verschneidung. Das Opfer wird vom Seil losgerissen, was dann?

Hohe Stütze gegen niedrige Stütze; Theorie gegen Praxis . . .

Was ist besser?

Hohe Stütze

Niedrige Stütze

Du kenterst flußab . . .
Hohe Stütze – der Körper knickt weg und Du überdehnst garantiert Deine Schultergelenke, irgendwann geben die dann nach!

Niedrige Stütze – Beuge Dich schnell in Rollposition vor und orientiere Dich.

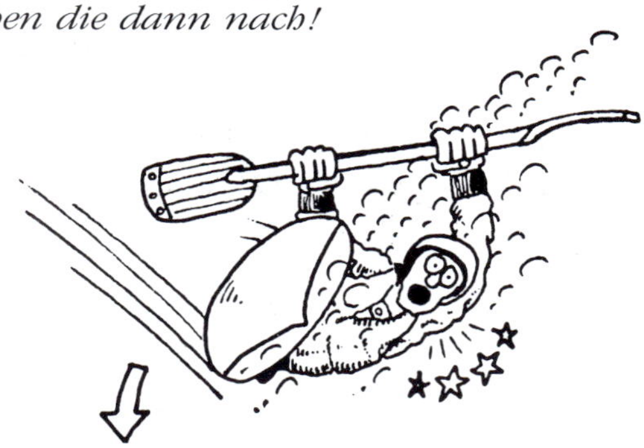

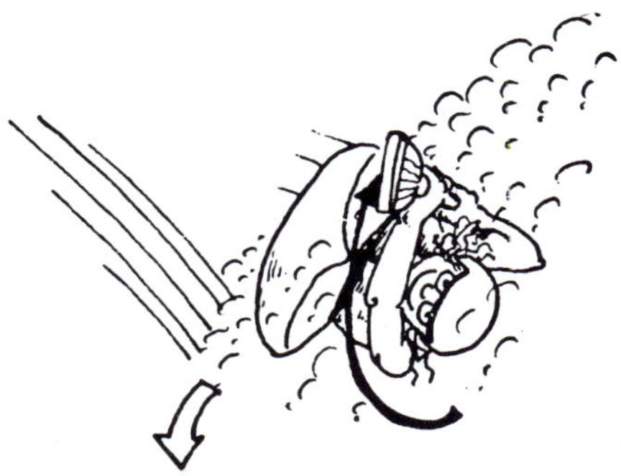

Selbst ohne Schulterausrenkung hast Du Probleme, in Rollposition zu gehen.

Willst Du raus aus dem Loch, dann setz Dich aufrecht und stütze tief im

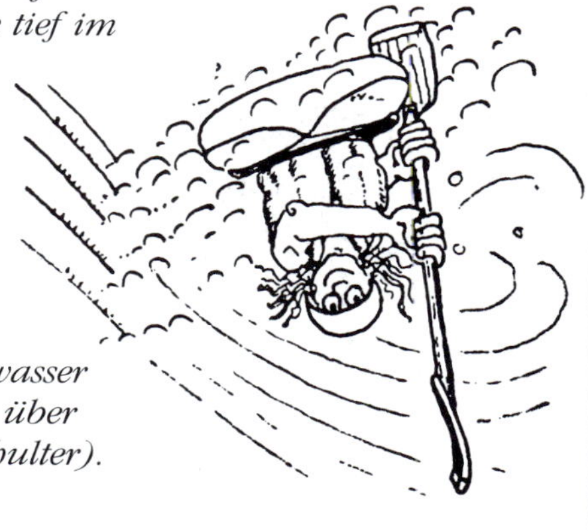

Unterwasser (nicht über die Schulter).

Zum Hochrollen brauchst Du nur einen Paddelbogen und Hüftknick, Du kommst auf einer niedrigen Stütze raus!

Zwischenzeitlich geht unser Hochstützer baden und sucht den Notarzt.

Wahrscheinlich die leichteste Methode zum SCHULTERGELENKAUSKUGELN ist hohes Stützen in eine richtige Killerwalze **hinein.**

fig 1.

fig 2.

Mit einer niedrigen Stütztechnik nutzen wir ein komplexes Dämpfersystem aus Handgelenk, Ellenbogen, Schulter und Hüfte.

fig 3.

fig 4.

Ein nettes Experiment für daheim:
(1) Nimm ein 1 m langes und 12 mm dickes Seil, ein Ende knotest Du an die Türklinke, das andere beißt Du fest mit den Zähnen. Bleib 1 m vom Türrahmen weg, öffne die Tür 50 cm . . . Du hast den Simulator für die niedrige Stütze.
(2) Siehe Bild

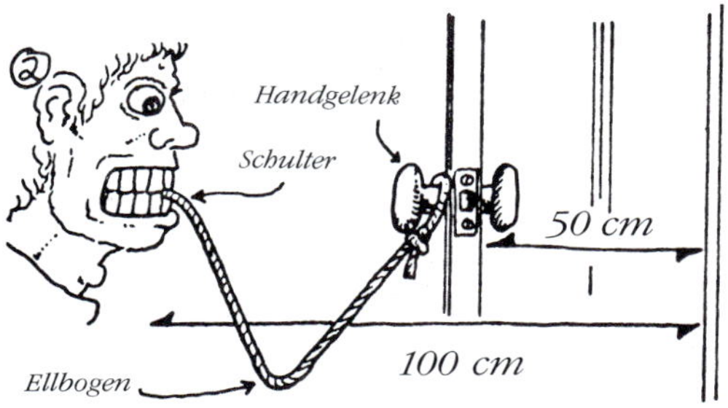

③ Dein Freund tritt die Tür zu. Ein Wunder, alle Zähne bleiben drin!

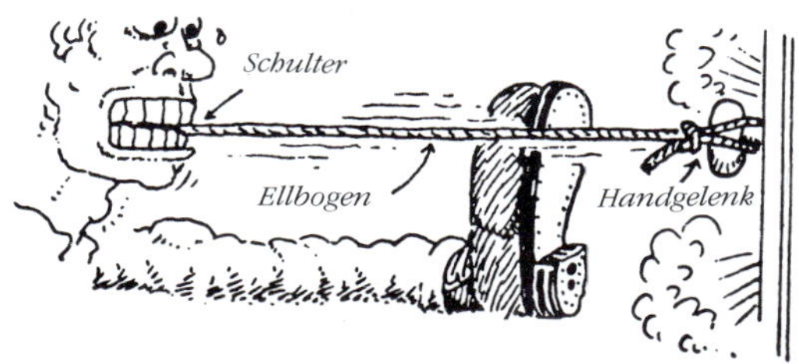

Dieses System hat viel Schlupf!

Diesmal öffnest Du die Tür wieder 50 cm, rückst aber selbst auch 50 cm weiter nach hinten, fertig ist der Simulator für die hohe Stütze. Das jetzt gestreckte Seil entspricht einem voll flußab gestreckten Arm. Die Türöffnung von 50 cm stellt die Bewegungsenergie des Paddlers dar, und der Fuß Deines Freundes ist die Wucht der Walze . . .

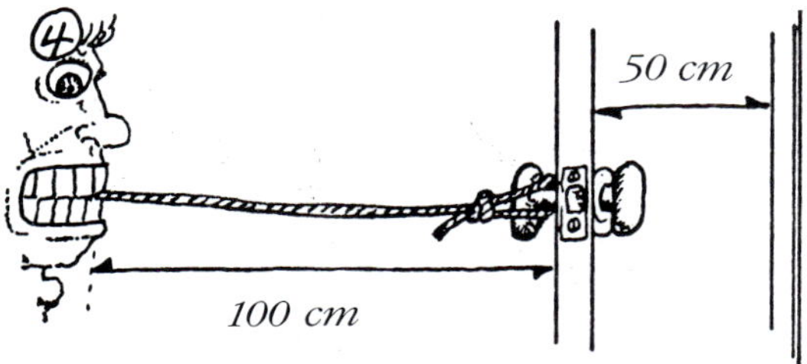

Verdammt wenig Schlupf!

Wer schlau ist, versteht jetzt, warum die Dämpfung bei hoher Stütze viel zu gering ist, den Zusammenstoß von Paddler und Walze aufzufangen. Die niedrige Paddelstütze hat einfach mehr Bremsweg!

Frage: Was ist nun sicherer, (A) niedrig stützen oder (B) hoch stützen?

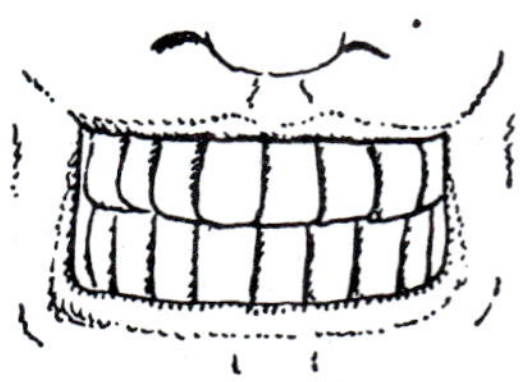

Stütz-simulator niedrig

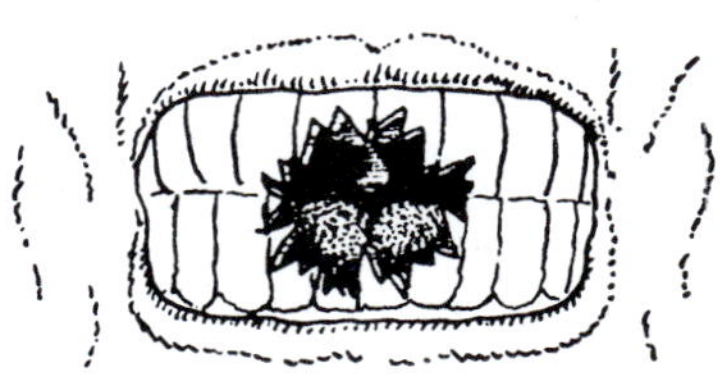

Stütz-simulator hoch

Antwort »A«

Eine gute Ausrenktechnik ist auch der Einsatz einer hohen Stütze flußauf bei einer Flußaufkenterung:

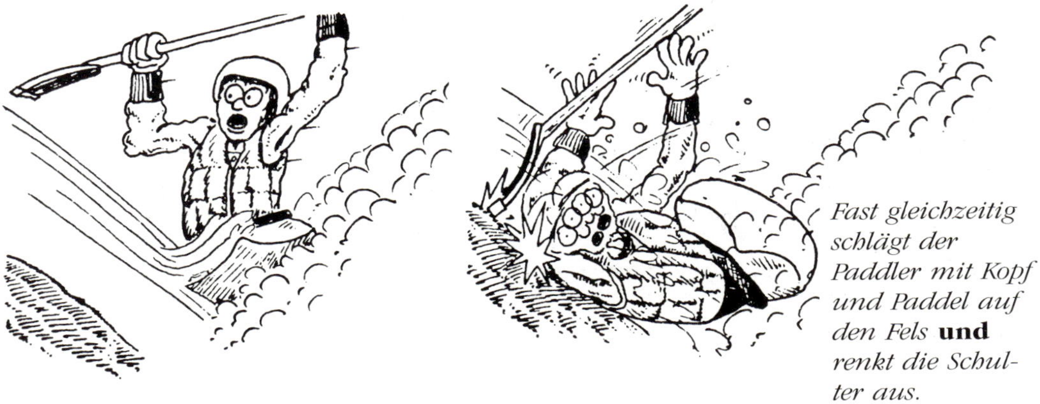

Gleiche Situation, allerdings niedrige Stütze: flußauf wegkanten, eng beugen und den Drehmoment zum Rollen nutzen!

Auch gut gegen das Schultergelenk: Mit einer hohen Stütze aus einer Walze rausziehen:

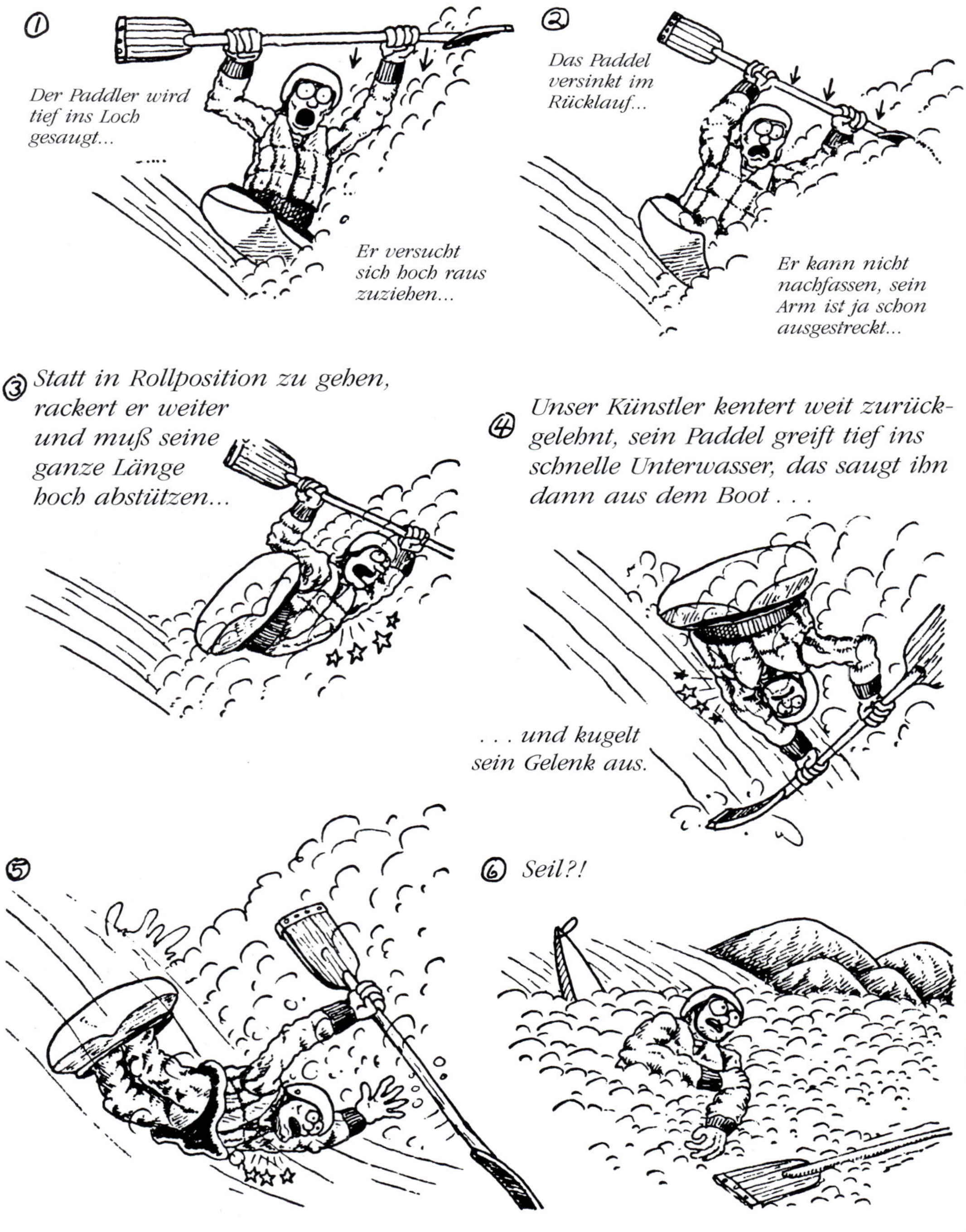

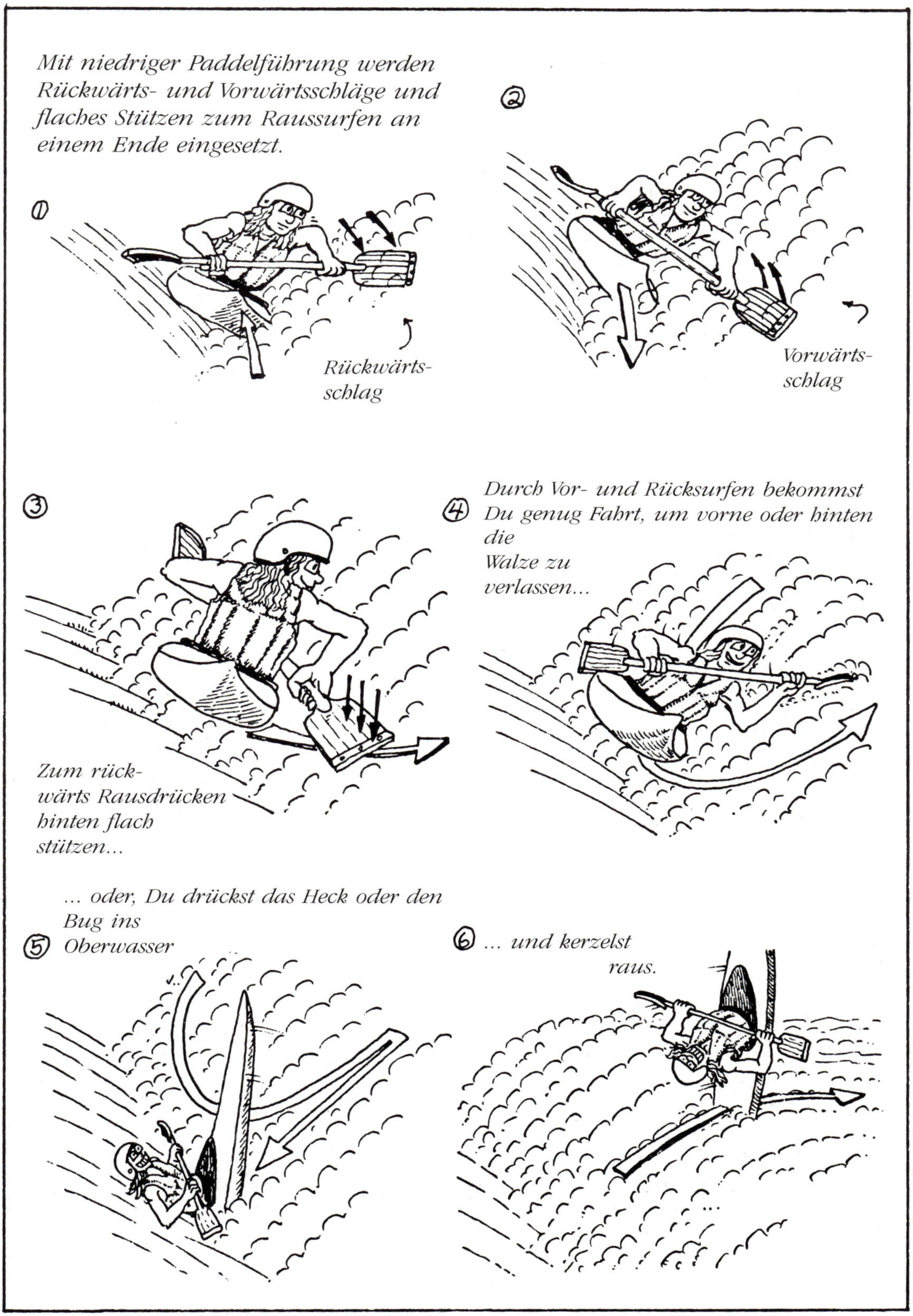
Mit niedriger Paddelführung werden Rückwärts- und Vorwärtsschläge und flaches Stützen zum Raussurfen an einem Ende eingesetzt.
①
Rückwärts-schlag
②
Vorwärts-schlag
③
Zum rück-wärts Rausdrücken hinten flach stützen...
④ Durch Vor- und Rücksurfen bekommst Du genug Fahrt, um vorne oder hinten die Walze zu verlassen...
⑤ ... oder, Du drückst das Heck oder den Bug ins Oberwasser
⑥ ... und kerzelst raus.

Wie verhindert man Schultergelenkausrenkungen:

niedrige Technik **hohe Technik**

Empfohlen von Sir Dr. Henry von der Prallwand

Abschlußtest, Stütztechniken
(Zeit: 20 Minuten)

(1) Schultergelenkauskugelung geschieht durch: a) zuviel Sex, b) Nahkampf, c) Überdehnung des Schultergelenks, d) zu wenig Sex

(2) Bei der traditionellen Hochstütze hält man den Paddelschaft: a) im Mund, b) über'm Kopf, c) in Mißachtung der Gesetze, d) in der Missionarsstellung

(3) Der große Nachteil einer Schulterausrenkung in einer einsamen Schlucht ist: a) keiner mag mehr mit Dir während der Tour Volleyball spielen, b) jeder ist auf Dich sauer, weil Du für eine Nacht all deren Beruhigungsdrogen geschluckt hast, c) extreme Schmerzen, Schock, Nervenverletzungen, etc., d) alles zusammen

(4) Mein Kajaklehrer (ein »Experte«) lehrte mich ausschließlich die hohe Stütze zu verwenden. Ich sollte, a) ihm eine Tüte Bonbons spendieren, b) seinen Rat ignorieren, c) ihn an die medizinisch-ethnische Abteilung des DKV verweisen, d) das nächste Mal am Bach die niedrige Paddelführung ausprobieren und mir meinen eigenen Reim machen

(5) *Welche Paddelführung bedeutet die geringste Gefahr für ein Schultertrauma, ist viel effektiver und macht Walzenreiten viel spaßiger? a) hohe Technik, b) niedrige Technik, c) Geisterfahren, d) Computerspiele, e) Hallen-Jojo*

(6) *Dieser Schwindeltest ist nur ein weiterer schamloser Versuch des Autors, die Hirne der Paddler im allgemeinen und die der Wildwasserkajaker im besonderen reinzuwaschen? a) Wahr, b) Unwahr*

(7) *Sollte sich jemand meiner Gruppe eine Schulter ausklugeln, dann gehen wir sofort nach den Regeln der Ersten Hilfe bei Schock vor und a) geben dem Opfer jede Menge Schnaps und Schlafpillen, b) hängen einen Felsklotz an den ausgekugelten Arm, damit die Kapsel vielleicht wieder ins Gelenk springt, c) lesen ein gutes Erste Hilfe-Buch und lernen, wie man's richtig macht, d) suchen einen Sporttrainer in der Gruppe, die wissen immer, was zu tun ist, e) stellen den Arm ruhig und suchen einen Experten auf medizinischem Gebiet*

(8) *Schulterauskugeln kann verhindert werden, indem man nicht a) viel Bier trinkt und den VW-Bulli zu Schrott fährt, b) in Walzen hoch stützt, c) viel giftige Pilze ist, d) einen reines Gewissen hat, e) hinter gutaussehenden Raftguides her ist*

(9) *Beim niedrigen Stützen wird der Paddelschaft nie höher gehalten als a) Deine Kopfhaut, b) ein Drachen, c) Dein Kinn, d) der Mount Everest*

(10) *Wenn Du wirklich den Hochstütz-Simulator ausprobiert hast, addiere 10 Punkte für jeden kaputten Zahn.*

Ende

Antworten: 1 – c), 2 – b), 3 – c), 4 – d), 5 – b), 6 – wahr, 7 – e), 8 – streiche e), 9 – c), 10 – blöd!

Jede richtige Antwort = 10 Punkte = 1 Kinderbier

Whew...

Paddler-Latein

Paddler-Latein

a.b.a.: *direkt übersetzt aus a.k.a. (also known as) auch bekannt als . . .*

Abfall: *etwas, wo Wasser runterfällt, ab ca. 2 m auch Wasserfall genannt.*

AKCler: *oft zu Unrecht mit Verachtung benutzte Bezeichnung für Mitglieder des Alpinen Kajakclubs, ein Club der besten Kajakfahrer, inzwischen weltweit. Sie haben sich auf vielen Bereichen des Wildwassersports verdient gemacht: Erstbefahrungen, Sicherungstechniken, Materialverbesserungen, Aktionen gegen Flußverbauungen usw.*

Alpen: *Wildwassserreiche Bergregion, das bekannteste Kajakrevier in Mitteleuropa. Bewohnt von rauhen und urigen Menschen mit eigener Sprache. Kann für Nordlichter zur Horrorexpedition ausarten.*

Aufmischen: *Jede Art von unangenehmer Befahrung mit Kenterung, meist wird Mann und Material gut im Bach verstreut (a.b.a.: Baden gehen, Umgesaugt werden, Fischfutter, Nehmerqualitäten).*

Aufspießen: *Von einem Boot am Körper gerammt zu werden. Passiert in zu vollen, engen Kehrwässern oder Spielwalzen. Aufspießen durch Holz oder Eisen im Bach ist selten, aber extrem gefährlich.*

Auftriebskörper: *Luftgefüllte Schwimmkörper in Bug und Heck, ohne diese taucht ein gekentertes Kajak vielleicht nicht mehr auf. Je besser sie aufgeblasen sind, um so weniger tief liegt ein schwimmendes Kajak im Wasser. Der Strömungsdruck auf die Bootshülle ist natürlich geringer je weniger tief ein gekentertes Kajak im Wasser treibt, bedeutet also weniger Gefahr für Kajak oder Schwimmer.*

Ausklinkgurt: *Brustgurt mit Schnellöffnung, zur Eigensicherung für Schwimmretter (a.b.a. Springer) oder zum Einhängen einer Bergeleine.*

Ausklinkweste: *Schwimmweste mit eingenähtem Ausklinkgurt.*

Ausstiegsstelle: *Raus aus dem Wasser, rein ins Auto.*

Bach: *Alles was paddelbar ist, von Regenrinne bis Ärmelkanal, meist aber ein enger Wildfluß (meist ein steiler Bach).*

Baustelle: *mehrere Paddler mit Booten ineinander verkeilt.*

Bergehaken: *a.b.a. »Paddelhaken«, ein Haken mit Klemme für's Paddel, mit einem Seil können verklemmte Boote erreicht werden. Ideal zur Rettung bei Steckunfällen.*

Bergeleine: *kurze Leine am Boot oder in einer Tasche der Schwimmweste, mit einem Karabiner am Ende. Dient der Bergung von Bewußtlosen oder gekenterten Booten.*

BlaBla-Bach: *oder besser, wir kennen den »BlaBla-Bach«, übersetzt: »Letzte Woche hatten wir einen Dia-Abend, da gab's Bilder von diesem Bach und viel Bier.« Sieht ein Paddler genug Bilder oder Filme von einem Bach, so gerät er schnell in Versuchung, sich als Kenner aufzuspielen, obwohl er den Bach noch nie befahren hat (siehe auch M.u.M.).*

Bootserkundung: *Flußerkundung durch Kehrwasserhüpfen oder Wellenbergreiten. Eine recht sichere und schnelle Sache bei leichten bis mittleren Wildflüssen, jedoch sehr unsicher auf schweren Flußabschnitten und hohen Wasserfällen.*

Chaotische Verwirbelungen: *Extreme Verschneidungen, pilzendes Wasser, Schlagwellen usw., meist bei Hochwasser, siehe S. 116. Kehrwasser fangen an zu pumpen, alles ist in Aufruhr, unregelmäßige Brecher explodieren, man muß auf alles gefaßt sein. Meist äußert sich das so: Du hast den schweren Schwall hinter Dir und glaubst Dich sicher im Kehrwasser, plötzlich reißt es Dich um, und Du gehst unverhofft baden!*

C-1: *Ein Kanadier für eine Person mit geschlossenem Oberschiff (meist im Wettkampf zu finden, leider nur selten als reine Wildwasserfahrer, dann aber meist Könner).*
Ein C-2 ist eben für zwei Personen (die oft miteinander streiten, besonders als Anfänger).

Deck-Tanzen: *Eine recht neue Form der Kajak-Akrobatik, einige Boote bilden an einer Walze die Plattform . . . alles ist erlaubt, auch Rafter zu ärgern.*

Dummy = Tester: *Der erste der Gruppe, der eine Befahrung wagt. Eigentlich eine Puppe zur Übung von Schwimmerrettung oder zur Übung der Ersten Hilfe.*

Dynamisch: *Macht alle Erklärungen extremer, hört sich einfach besser an (dynamisches Surfen, dynamisches Kerzeln, dynamisches Kentern etc.).*

Einheimische: *Bekannt für ihr teils unglaubliches Staunen oder für den Ärger mit ihnen. Letzterer ist allerdings hausgemacht. Mit Freundlichkeit kommt man weiter als mit Reifenquietschen, und wer hat's schon gerne, wenn fremde Leute seine Wiese zertrampeln. Also, fragt, ob Ihr parken dürft, erkundigt Euch nach einem Übernachtungsplatz, falls kein Campingplatz existiert, und nehmt Euren Dreck wieder mit (das gilt auch am Bach)! So solltet Ihr eigentlich keine Probleme haben. Wenn doch, dann liegt's meistens an Euren Vorgängern, also achtet auf die sogenannten Kajakrowdies, zeigt sie notfalls an.*

Einsatzstelle: *Raus aus dem Auto, rein in den Bach.*

Eisenträger: *Auch Eisenstangen, T-Träger etc. Reste von alten Brücken, Uferbefestigungen, Bauschutt usw. sind tödliche Fallen im Fluß! Obendrein sind sie schwer auszumachen!*

Eskimorolle: *Kein aufgerollter Eskimo, sondern deren Selbstrettungstechnik nach einer Kenterung (a.b.a., eskimotieren, rollen). Im Wildwasser drehen geübte Kajak- oder Kanadierpaddler ihr Boot in allen Situationen auf. Merke: Schwimmen ist immer die schlechtere Alternative. Eine gute Rolle spart Dir und Deinen Freunden viel Zeit und unnötiges Risiko.*

Wer's nicht glaubt, schaut sich den Eskimotierfilm an. Auf Seite 1 steht wie, und auf Seite 129 beginnt der Film.

Kajakrolle

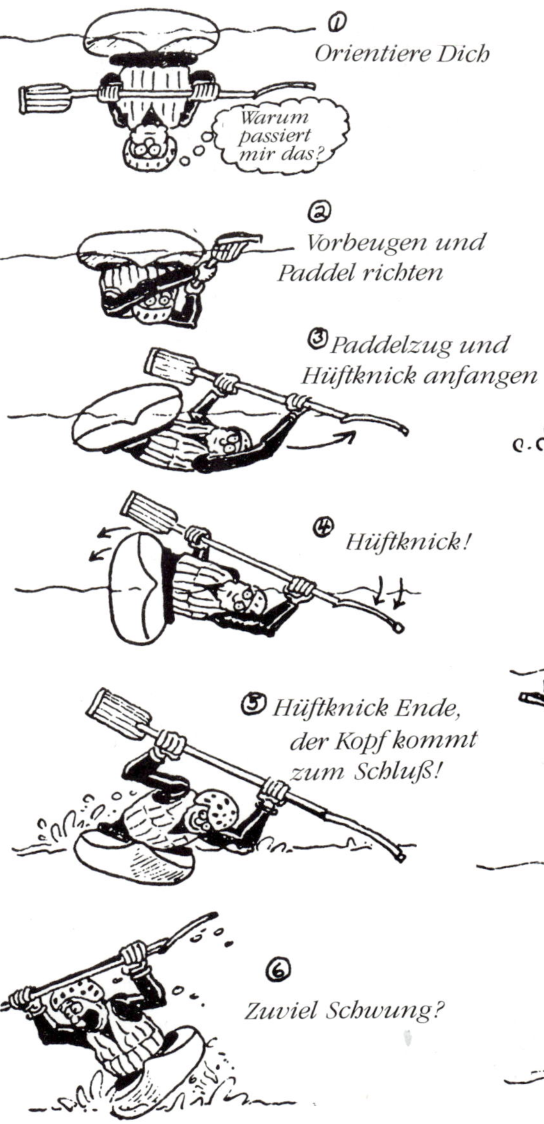

Kanadierrolle

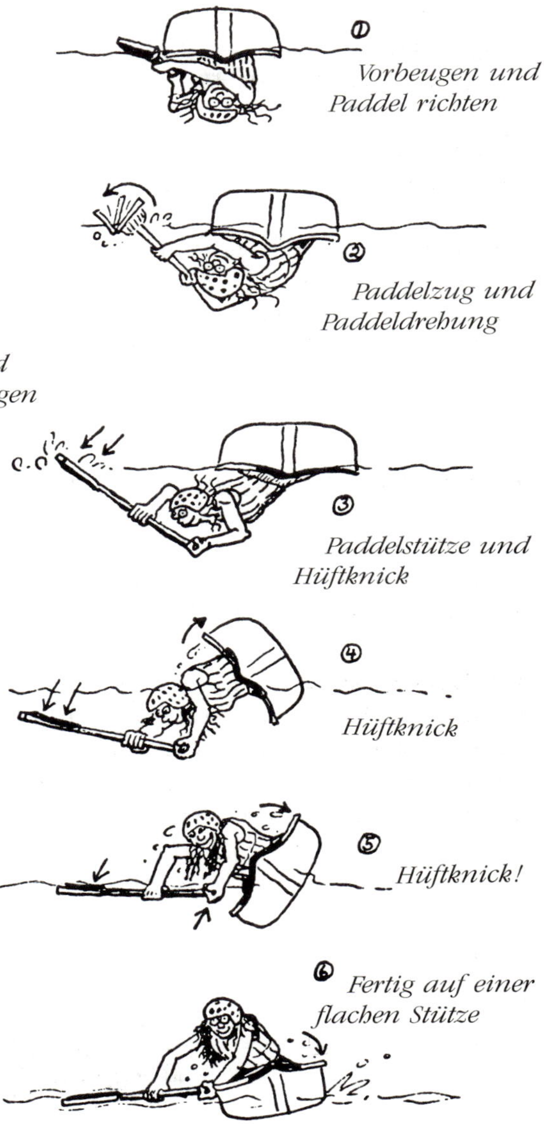

Experte: *Ein selbstgefälliger Titel, Qualifikationen dazu sind undefiniert und regional verschieden. Ein WW-Experte kann sein: einer, der eskimotieren kann; jemand, der die Loisach paddelt; irgendeiner aus einem Kanu-Laden; beliebige Raft-Führer; oder irgend jemand, der Wildwasserführer schreibt. Vorsicht vor Großmäulern (siehe M.u.M.). Es gibt wohl keine Flachwasserexperten?*

Flachwasser: *Jedes Wässerchen, das ruhig dahinfließt oder steht. Die meisten WW-Paddler meiden Flachwasser wie die Pest. Es gibt auch die Spezies Flachwasserpaddler, oft zu Unrecht auch Kilometerfresser genannt. Alles hat eben seinen eigenen Reiz.*

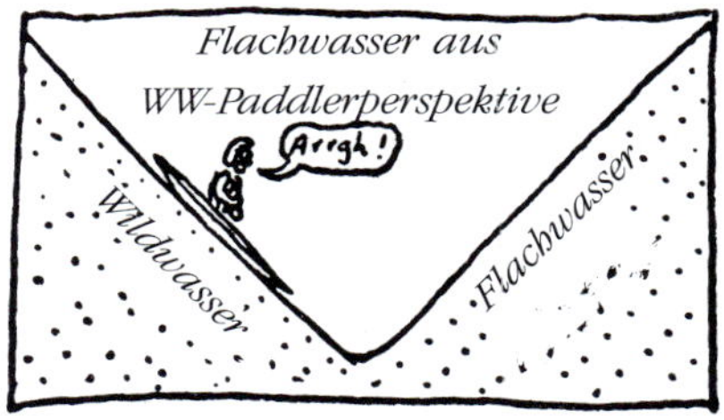

Gefälle: *Steilheit eines Flußabschnittes. Achtung, dieser Wert kann ein langes, flaches Stück mit einem Riesenwasserfall oder ein langer Katarakt oder ein langer Schwall sein. Das Maß dafür ist Promille (‰). 1 ‰ entspricht 1 m Gefälle auf 1 000 m Distanz. Ein Gefälle bis etwa 8 ‰ ist gering, bis etwa 20 ‰ typisch für Wildbäche und um 30 ‰ liegen steile Kataraktbäche. Allerdings kann ein großer Fluß mit 6 ‰ Gefälle schwerer sein als ein kleiner Bach mit 15 ‰!*

Geschäftsgelaber: *Ein lustiges Ritual unter Experten, Raftführern und Kanu-Ausrüstern. Viele alte Geschichten werden aufgewärmt wie: a) Ich bin kürzlich die Imster bei 3,50 m runter und habe das Raft gekentert, weil meine Kunden Luftschläge machten. b) Verdammt, 3,50 m, das ist viel für Neulinge, blablabla . . .*

Gummibus: *a.b.a. Raft, a.b.a. Schlauchboot, aufblasbares Flußfahrzeug für meist mehr als drei Leute, meistens kommerziell genutzt.*

Haarig: *Steht für kritisch und schwer, ein haariger Fluß ist steil, führt viel Wasser und ist technisch sehr schwierig. Es gibt Zwangspassagen und unfahrbare Stellen, der Schwierigkeitsgrad liegt deutlich über V bis unfahrbar.*

Hallenjojo: *Jojospielen, statt draußen im Regen stehen.*

Hammer: *Riesige Walze, schwerer Katarakt, schwerer Bach, etc.*

Heldenstrecke: *Der Weg durch alle Hämmer.*

Helm: *Wichtiges, sehr stabiles Stück der Paddlerausrüstung, soll den Kopf schützen. Es gibt leichte und schwere Helme, mit und ohne Visier und Integralhelme, alles hat seine Berechtigung. Aber es gibt auch verrückte Spinner, die Wildwasser II bis III bis an die Zähne bewaffnet paddeln, nur um zu zeigen, daß sie letzte Woche im Kanuladen waren (Helm ab vor allen Faltbootpionieren!) Übrigens, ein kleiner Kinnschutz am Helmriemen ist nutzlos, er kann sogar bei Kenterungen hochrutschen und die Atmung behindern.*

Hypoknopsenverdraller: *Keine Ahnung, wer's weiß, bitte an den HKVDV melden.*

Imster: *Eigentlich ein netter Flußabschnitt des Inn, seine letzte Wildwasserstrecke. Inzwischen so voll Gummi, daß man an manchen Wochenenden trocken drüberlaufen kann.*

Inselsyndrom: *Sonderbarer Adrenalinausstoß bei Paddlern, wenn man den Namen Korsika erwähnt (steile Bäche, viel Stufen, hohe Schwierigkeitsgrade).*

Kanadierfahrer: *Harte Frauen und Männer, ohne Schmerz geht nichts im Leben, die Knie müssen knirschen, dann war der Bach gut.*

Kanu: *a.b.a. Kanadier, ein meist offen, mit einem Blatt gefahrenes Boot. Zweier-Kanadierteams sind bekannt für ihre ewigen Diskussionen, wer Schuld an einer Kenterung hatte. Einzel-Kanadier stehen regelrecht über den normal Sterblichen, sie müssen einfach härter sein. (Versuch's doch mal: WW V mit einem Blatt!) Gute Paddler können mit geschlossenem Kanadier (Spritzdecke oder festes Oberschiff) fast alles befahren, was mit einem Kajak machbar ist.*

Kanuten: *Leute, die Spaß am Flußfahren haben. Von manchen Außenstehenden auch als Chaoten, Selbstmörder oder Rowdies angesehen. Sie treten meist in Gruppen auf, lärmen herum und besetzen jede surfbare Welle oder Walze. Bekannt für ihr Verhalten, behindern sie gerne Rafts und anderes offene Bootsgefährt, welches ihnen technisch unterlegen ist. Dafür werden sie genauso gerne von Rafts plattgefahren oder von schweren Kanadiern gerammt. So hat jeder seinen Spaß!? Alles, was langsamer ist als sie, wird nur als Zeitvertreib toleriert, es macht ihnen einfach Spaß zuzusehen, wie ein paar übermütige Rafter oder Kanadier zerlegt werden.*

Katarakt: *Längere Gefällstrecke über große Klötze, kleine Stufen, kräftige Schwälle.*

Kajak: *a.b.a. K-1, die am häufigsten vertretene Bootsart im Wildwasser. In einem Kajak sitzt man und arbeitet mit dem Doppelpaddel, im Kanu kniet man und hat ein Stechpaddel.*

Kehrwasser: *Eine relativ ruhige Stelle im Fluß, am Ufer oder nach Felsen, gut zum Verlassen des Flusses oder zum Pausieren oder zum Erkunden.*

Kehrwasser bei normalem Pegel

Kehrwasserwand: *Ein Schwerwasserphänomen zwischen Strömung und höher oder tiefer liegendem Kehrwasser. Einmal drin, geht's ganz schön rund (siehe S. 138).*

Kerzen: *a.b.a. kerzeln, Männchen bauen, das Boot steht auf einem Ende in Löchern oder Walzen, oft mit einem Überschlag endend. Auch gut zum Rauskatapultieren aus Walzen (siehe S. 147). Toll ist eine Landung auf Deinen Mitpaddlern?! Du kannst alles mit Deiner Körperstellung steuern, Du bestimmst, ob Du Dich überschlägst, herauskatapultierst oder sauber auf dem Unterschiff landest, vielleicht sogar eine Pirouette drehst. Vorwärtslage endet normalerweise im Überschlag (A), Rückwärtslage in*

Katapultieren und aufrechter Landung (B). Bei einer Rückwärtskerze gilt das gleiche, nur umgekehrt (C) + (D). Für eine saubere Pirouette mußt Du in der Senkrechten eine Hüftdrehung, eventuell mit Paddelunterstützung, durchführen (E).

Klemmstelle: *Alles, was Wasser durchläßt, aber kein Boot oder Schwimmer. Kann sein: Baumverhau, Holzstämme, Felsspalten und Platten (siehe auch Steckunfall).*

Linksufrig: *Flußab gesehen links.*

Loch: *Siehe Walzen.*

Lunchbunny: *Nicht zu verwechseln mit einem weiblichen Raftführer. Lunchbunnies bieten den Raftkunden ein wenig holde Weiblichkeit, während der großen Brotzeitpause, nur um zu beweisen, daß Frauen selbst am Bach in die Küche gehören. Ganz schön blöd!*

m³/s: *Kubikmeter pro Sekunde, ein Maß für die Wasserführung eines Flusses, nicht proportional zum Pegel! Mehr Pegel bedeutet breiteres Bett, höhere Fließgeschwindigkeit, also steigt die Wassermenge weit schneller an. Gleiche Wassermengen verhalten sich sehr unterschiedlich, z.B. in einem Kiesbett oder in einer Felsenklamm.*

Mächtig: *Geflügeltes Wort, läßt die Augen glänzen, auch als »Hammer« bezeichnet (dieses Wort hört man viel an Lagerfeuern).*

M.u.M.: *Merken und meiden, kann alles sein, Flußabschnitt, Dreck oder Lebensgefahr, oder insbesondere die Spezies der Chaospaddler (wissen alles besser, können alles und wenn's drauf ankommt, verpissen sie sich).*

Neopren: *Schwarzes, meist stinkendes Material, lockt Fliegen an und hält Schaulustige fern. Bester Kälteschutz für Paddler.*

Oberoberlauf: *Kleine Pfütze nahe der Bachquelle, wer an ihr das Boot naß macht, sucht entweder eine Erstbefahrung, ist ein Könner oder ein Spinner.*

Paddelhaken: *Siehe Bergehaken.*

Patacoste: *Auch am Bach bestens gekleidet, auch Bach-Yuppie genannt.*

Pirouette: *Siehe Kerzen.*

Plumpsklo: *ein flach überspültes Hindernis mit senkrechtem Fall dahinter und einem unangenehmen Loch (siehe Saugloch). Sehr schlecht von flußauf einzusehen, eine gute Nase ist hier alles. Siehst Du es, ist es zu spät, meist mischt es Dich dann auf. Von oben sehen sie wie abgerundete Wellen aus.*

Polster: *Eine Rückwalze flußauf an einem Hindernis. Sie kann unter bestimmten Umständen gesurft werden, allerdings höchste Vorsicht bei Unterspülungen (kleines Polster trotz viel Wassermenge).*

Prallwand: *Felswand oder Uferböschung quer zur Strömung, mit vorgelagertem Prallpolster, eventuell unterspült.*

Raft: *a.b.a. Gummibus, ein großes, meist ovales Schlauchboot, dient im wesentlichen dem Transport von zahlenden Gästen. Allerdings, obwohl sie gerne Kajaks plattmachen, sind sie ideal als Verpflegungsboot. Obwohl selten auf anspruchsvollem Wildwasser zu finden, werden trotzdem inzwischen von Könnern aufsehenerregende Expeditionen durchgeführt, und überwinden Gefahren, vor denen mancher Kajakfahrer nur Alpträume hat.*

Rafter: *Alle Mitfahrer auf einem Raft, meist zahlende Gäste. Wenn sie nicht mit Wasserschlachten, Schreiwettbewerben oder Essenfassen beschäftigt werden, sieht man sie meist in Schwällen tolle Luftstützen machen. Wirklich gute Mannschaften sind selten, dafür aber um so lieber gesehen.*

Raftführer: *a.b.a. Schlauchbootführer, Raftguide. Der Mann oder die Frau, welche das Raft steuern und die Kunden in Schwällen anfeuern dürfen. Die meiste Zeit sind sie mit Raftverladen, Ein- oder Auspacken von Verpflegung, Erklärungen, Animation und Schlafen beschäftigt. Wirklich gute Kajakfahrer sind bei ihnen leider die Ausnahme.*

Randvoll: *Hoher Pegel, kurz vor Hochwasser.*

Rechtsufrig: *Flußab gesehen rechts.*

Rentnerstrecke: *a.b.a. »Umfahren«, der leichteste oder sicherste Weg durch einen Katarakt (siehe auch Heldenstrecke).*

Ringeltanz: *. . . mit Anfassen, ein enges Kehrwasser mit zu vielen Paddlern vollgepfropft ergibt automatisch einen Nahkampf mit Paddeln und Ellbogen.*

Rodeo: *Ein WW-Ereignis mit Walzenwettbewerben, WW-Artistik, kurzen WW-Rennen, viel Bier und Musik.*

Rücklauf: *Wasser rotiert hinter einem Hindernis horizontal, je länger der Rücklauf, um so höher die Lebensgefahr!*

Rücklaufbergung: *Siehe S. 96.*

Saugloch: *Mehr Rücklauf als Walze, meist hinter einem mäßig überspülten Stein. Man kann fast nicht mehr stützen, rauspaddeln ist äußerst kräftezehrend.*

Schlitz: *Ein enger Wasserdurchlaß in einem Katarakt, z.B. zwischen Felsplatten.*

Schwall: *Eine Serie von Wellen, entsteht bei Gefälle über unregelmäßigem Flußbett.*

Schwer: *Bedeutet eigentlich gut, obwohl manchmal wirklich schlimm, z.B. bei einem schweren Schwimmer.*

Schwerwasser: *Einfach verdammt viel Wasser, ein Hammer. Die Ötz-Strecken gelten bei viel Wasser als Schwerwasser.*

Schwierigkeitsgrade: *Internationale Klassifizierung von Wildwasser, nach Wasserwucht und Verblockung, WW I bis VI. Wie überall in der Welt, man wackelt an der oberen Grenze.*

WW I = sehr leicht.

WW II = Leichtes Wildwasser, geringe Verblockung oder Wellen, breite Durchfahrten.
Beispiel: Obere Ammer (ohne Scheibum)

WW III = Schweres Wildwasser, mittlere Verblockung und Wasserwucht oder nur starke Wasserwucht mit Brechern und Wirbel. Die Durchfahrten sind nicht immer leicht zu finden.
Beispiel: Loisach, Griesenschlucht für Verblockung; Imster Schlucht, für Wasserwucht

WW IV = Sehr schweres Wildwasser, starke Verblockung in der Strömung, lange Schwälle mit Brechern und unregelmäßigen Wellen. Die Durchfahrten sind nur schwer zu erkennen.
Beispiel: Inn, Giarsun-Schlucht

WW V = Überaus schweres Wildwasser, lange Schwallstrecken mit Blockhindernissen in der Strömung, schwierigste Wirbel und Kehrenbildung, starkes Gefälle. Nur für sehr gute Fahrer. Vorherige Besichtigung erforderlich. Immer mit Gefahr verbunden.
Beispiel: Inn, Ardezer Schlucht

WW VI = Grenze der Befahrung (sind in Ausnahmefällen schon befahren worden).
Beispiel: Inn, Bockschlitz Rißbachschlucht

Ab WW III ist der sichere Umgang mit allen Rettungsgeräten geboten. Außerdem, wer sicher eine kurze IIIer-Stelle meistert, hat meist seine Probleme, wenn der ganze Bach eine durchgehende IIIer-Strecke ist. Das gilt natürlich bei allen Schwierigkeitsgraden. Gute Paddler sind keine Haudegen. Häufige Kenterungen und Materialverlust sind meist proportional zum Gerede am Lagerfeuer. Eine ausführliche Beschreibung der WW-Grade soll hier nicht stattfinden, es gibt dafür erstklassige Kanulehrbücher und Flußführer, davon sollte jede/r Kajakfahrer/in etwas im Bücherregal (besser im Auto) haben.

Sprung: *Die Fallkante wird zur Startrampe. Kräftiges Paddeln gibt die nötige Fahrt zum »Überfliegen« aller unangenehmen Dinge, wie z.B. Rückläufe, Felsen etc.*

Sprung über ein schweres Loch

Steckunfall: *a.b.a. Klemmunfall, ein Boot wird vom Wasser gegen einen Felsen gedrückt oder steckt in einem Wasserfall fest. Eine lebensgefährliche Unfallart. Es helfen nur gekonnte (geübte) Bergeaktionen mit Seil, Bootsrettung, Bergehaken, Karabiner, Seilrollen, Flaschenzüge usw. Höchste Eile ist geboten, aber es darf auch nichts überstürzt werden, die Lage für den eingeklemmten Paddler darf nicht verschlechtert werden.*
Als Opfer hat man keine Chance oder nur Sekundenbruchteile Zeit, um das Boot zu verlassen. Kommt man quer an Hindernisse, dann legt man sich besser zum Hindernis als weg. Ins Boot gepreßt zu werden ist am kritischsten. Sorgfältiges Erkunden ist der beste Weg zur Unfallverhütung. Oft passiert ein Stecker, weil der Paddler einfach drauflos fuhr. Fast alle Flußführer und Erlebnisberichte weisen auf solche Gefahren hin, aber am Fluß kann sich ständig etwas ändern. Vorsicht ist besser als Nachsicht.

Fußklemmer

Baumstecker

Senkrechter Stecker

Squirtboot: *Ein extrem flaches Kajak mit sehr wenig Auftrieb, flacher noch als Slalomkajaks, ein ideales Boot für alle Formen der Kanuakrobatik, sogar auf Flachwasser.*

Surfen: *Gleiten auf einem Wellenhang oder Walzenreiten (gewollt oder ungewollt). Walzensurfen ist leichter als Wellensurfen, bist Du erst in einer Walze, dann erledigt sich normalerweise die Arbeit von selbst.*

Transport: *Alles was mit An- und Abreise, Fahrzeugbeladung, Fahrzeugumsetzen, Personenbeförderung usw. zu tun hat. Man macht einen Plan, trotzdem klappt's fast nie. Wichtig ist: Je weniger Autos, um so kleiner die Probleme. Bei fehlenden Chauffeuren braucht man wenigstens zwei Fahrzeuge. Die üblichen Wartezeiten am Treffpunkt kann man dann je Fahrzeug, bezogen auf die Mitfahrer, ausrechnen: »10 Minuten«: Übliche Ausreden, Neulinge, alles unter 70 km Anfahrtsweg. »20 Minuten«: Professoren, Ärzte, gute Freunde, alle mit mehr als 70 km Anfahrtsweg. »30 Minuten«: Sehr gute Freunde, Fotografen, Apotheker, alle mit mehr als 200km Anfahrtsweg. »1Stunde und ?«: Die besten Paddelfreunde, berühmte Paddler, Berichteschreiber, Politiker und die Experten, mit denen Du diesen Dir neuen, haarigen Bach (natürlich deren Hausbach) runterpaddeln willst, und jeder mit mehr als 350 km Anfahrtsweg.*

U-Walze: *Recht kritische Walzenart, neigt zu starkem Rücklauf und wird dann schnell gefährlich (siehe S. 25). Tritt oft nach überströmten Felsen in Katarakten auf.*

Ufererkundung: *Einen Katarakt vom Ufer aus beurteilen, (Gegenteil: Bootserkundung).*

Ufer-Mäuschen: *Relikt aus der Zeit als noch so gut wie keine Frau auf Wildwasser zu finden war. Inzwischen häufen sich glücklicherweise auch Ufer-Mäuseriche, die das Auto nachfahren.*

Umtragen: *Meist mit viel Schweiß verbunden, aussteigen, Boote schleppen, nach der zu schweren oder unbefahrbaren Stelle wieder einsteigen. Merke: Umtragen ist keine Blamage, sondern Willensstärke.*

Unterspülung: *Felsen oder Wände, welche unterhalb der Wasseroberfläche ausgehöhlt, vielleicht sogar durchbrochen sind. Extrem gefährlich für Paddler, meist nicht sichtbar, oder weil keine Prallpolster darüber liegen, falsch gedeutet. Sehr häufig bei lockeren Platten und Konglomeratgestein.*

V-Walze: *Eine V-förmig zulaufende Walze, die Dich in der Mitte begräbt (siehe S. 23).*

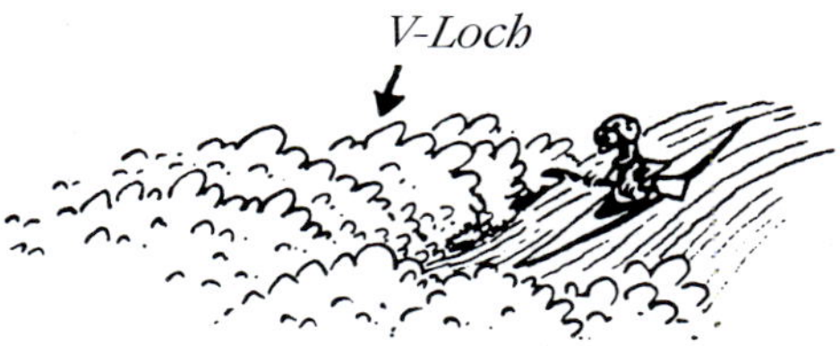

Verboten: *Gibt's nicht, wann kommt der VIII. WW-Grad? Flußabschnitte oder ganze Flüsse werden amtlich verboten, eine Wildwasserpolizei gibt es jedoch noch nicht (wer weiß?).*

Walzen: *Wasser fällt über ein Hindernis und rotiert unterhalb vertikal. Der Rücklaufanteil ist eher minimal, der Rotationsdurchmesser kann allerdings immens groß werden. Trotzdem ist die Gefahr für Schwimmer recht gering, es fehlt der gefährliche Rücklauf (wehe, wenn ein Rücklauf vorhanden ist, also Augen auf!). Jeder kann seine Lieblingswalze für's Walzensurfen finden, es gibt genug für alle. Auf großen Wellen können Brecher entstehen, sie benehmen sich wie Walzen, es fehlt aber die konstante Rotation.*

Walzenreiten: *Durch geschicktes Stützen hält man sich in der Walze, surft also gewollt. Passiert auch oft ungewollt und endet dann gern in einer Kraftrolle mit Badestunde.*

Walzenrowdie: *Jemand, der eine Walze nicht für andere freimacht, weil er sich für den Übermacher hält.*

Waschmaschine: *a.b.a. Constructa, genau das passiert einem Paddler in einer kräftigen Walze, wenn er querliegend flußaufwärts kentert, a.b.a. Kraftrolle:*

Wasserfälle: *a.b.a. Fälle, alles was mehr senkrecht als schief fließt und höher als etwa 2 m ist. Wasserfallpaddeln (a.b.a. fliegen) ist eine Wissenschaft für sich. Man braucht Nerven, ein gutes Auge und frei nach dem Motto, »Wer durch die Hölle will, darf den Teufel nicht fürchten«, kann man zum Fliegen gehen. Verrückt genug, ein Wasserfallbefahrer ist Wissenschaftler und weiße Maus zugleich. Tödliche Unfälle sind selten, Verletzungen treten aber häufiger auf. Es wurden schon Wasserfälle mit 18 m Höhe befahren, wehe, da geht was quer!*

Wellen: *Der direkte Hinweis auf die Energie im Fluß. Es gibt viele Erscheinungsformen in allen möglichen Größen. Hier ein paar der häufigsten Wellenformen:*

Pilzende Welle – Eine aufquellende Welle meist bei Hochwasser.

Brechenden Wellen – a.b.a. Schlagwellen, sie brechen auf voller Höhe in sich zurück, bilden eine Art Walze ohne Rotation.

Explodierende Wellen – a.b.a. »Grundwellen«, sie bauen sich periodisch auf, erreichen ihre volle Höhe, brechen dann in sich zusammen, um wieder neu zu wachsen. Meist am Ende größerer Schwälle bei viel Wasser.

fig 1

fig 2

fig 3

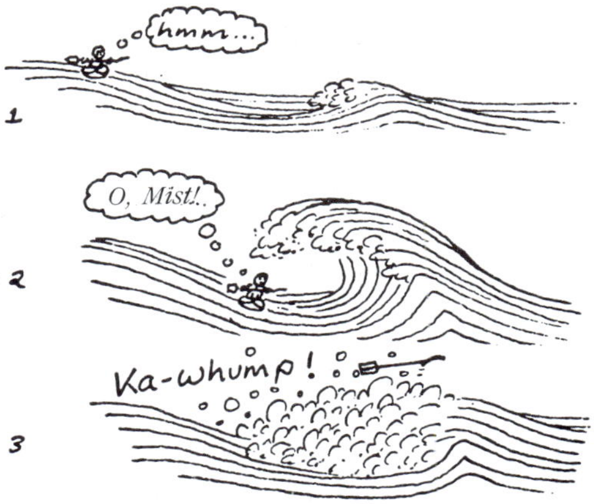

Vorwellen – Meist kleine Kringelwickler an der Vorderseite von großen Löchern oder Überfällen (Saugloch).

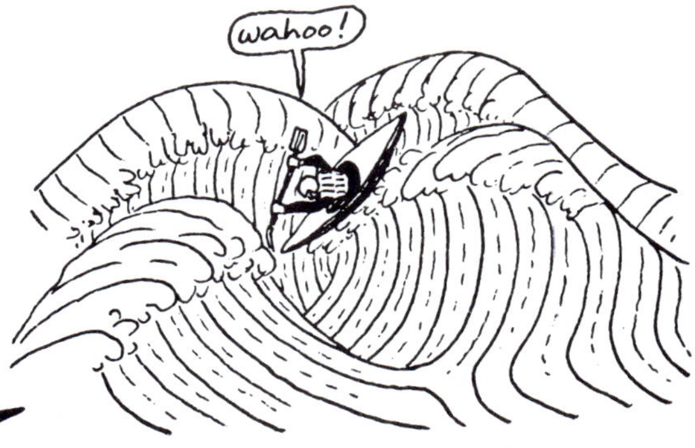

Versetzte Wellen – Solange sie klein sind, wird es ein lustiger Tanz. Bei sehr großen Flüssen und viel Wasser haut es einen aber nur so herum, dann wird's ein Höllentanz.

Stauwellen – a.b.a. Reflexionswellen oder Querwellen. Große, brechende Wellen, meist diagonal und Resultat eines Hindernisses, an der die Strömung abprallt. Entlang großer Schwälle am Ufer oder in Außenkurven.

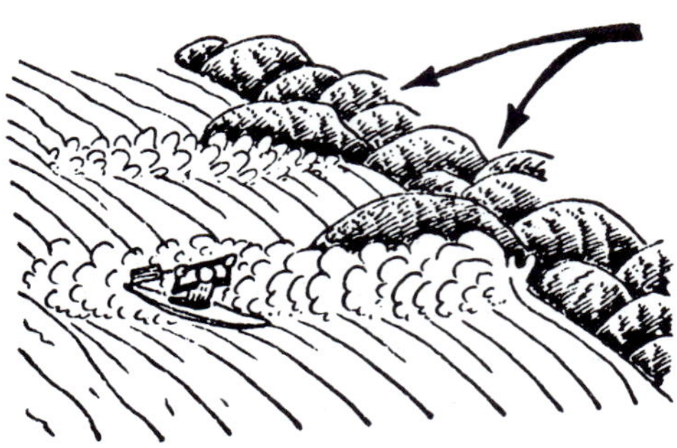

Wickler – a.b.a. Brecher, die Welle bricht nur im oberen Drittel, je nach Höhe mit sehr viel Energie.

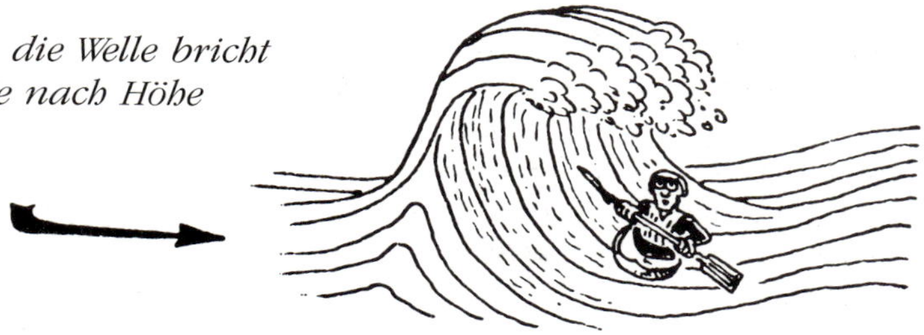

Schrägwellen – Meist bei viel Wasser, entstehen vor großen Hindernissen oder an Außenkurven. Hier kentern so manche unvorsichtige Rafts.

Buckelwellen – Oft am Anfang großer Schwälle mit viel Wasser, sie zeigen die Beschleunigung des Flusses an.

Stehende Wellen – Meist mehrere hintereinander, ideal zum Surfen. Sie entstehen am Ende von Schwällen, dort baut der Fluß seine Energie ab.

Endwellen – Eine Serie von stehenden Wellen am Ende von großen Schwällen. Bei Hochwasser entstehen hier meist explodierende Wellen und pilzendes Wasser.

Wildwasserehescheidung: *Wenn ein Partner aus einem C-2-Team auf's Kajak umsteigt.*

Wurfseil: *Das wichtigste Sicherungsinstrument. Jeder Paddler muß eins mitführen und den Umgang damit geübt haben. Im Wurfsack verpackt ist es heute zum Standard geworden. Ein Ball am losen Seilende kann als Gewicht beim Wurf von kurzen Seillängen dienen.*

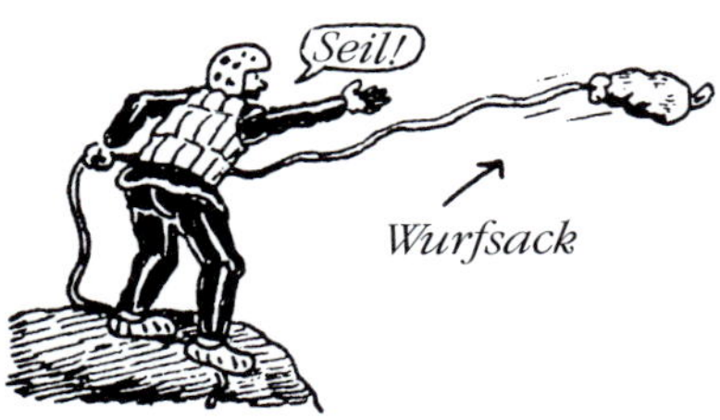

Zerlegen: *Passiert Paddlern an steilen Fällen, wenn sie sich »abtropfen« lassen, tief eintauchen, den Grund berühren und als Einzelteile wieder auftauchen. Kann natürlich auch bei richtig großen Killerwalzen passieren und endet dann meist in einem harten Schwumm auf Schwerwasser.*

Zirkus: *a.b.a. gut besucht, ein Ausdruck für irgendeine vielbesuchte Spielstelle oder einen viel befahrenen Fluß. Beispiele: Ammer (Scheibum), Rißbach, Eiskanal usw.*

Zunge: *Eine glatte Strömung in einem Schwall, sie zeigt tiefes Wasser und meist die beste Fahrtroute an.*

Der Autor

William Nealy *(geb. 1953) ist in den USA schon seit über einem Jahrzehnt als Autor unverwechselbarer Lehrbücher und Cartoons zum Outdoorsport bekannt. Er versteht es glänzend, selbst komplexe Vorgänge einfach und verständlich darzustellen. Seine Cartoons zeigen hinter die Kulissen, auf herrlich witzige Art beschreibt er das »Drumherum«.*
Seit rund zwanzig Jahren paddelt er aktiv in allen Wildwassergraden und gehört in der Neuen Welt zur Kajakszene. Folglich sind die meisten seiner Bücher dem Kajak gewidmet selbst die extrem schwierige Darstellung der Squirtboottechnik ist ihm excellent gelungen. In seinen Kajakcomics macht er selbst vor dem berüchtigten Diaabend nicht halt. Inzwischen hat er ein Lehrbuch für Mountain-Biker veröffentlicht und gerade erscheint sein Buch zum Skifahren.

Der Übersetzer

Peter Bongartz *(geb. 1955) kam per Zufall mit siebzehn zum Paddeln. Ein Metzeler-Schlauchkanu frisch vom Sperrmüll machte Lust auf strömendes Wasser, auf keinen Fall sollte daraus Wildwasserpaddeln werden. Die Münchner Floßlände war später mächtiger, dort lernte er im Alleingang Kajakfahren. Seit einem Jahrzehnt paddelt er intensiv im alpinen Bereich, dabei stehen Spiel und Spaß im Boot immer im Vordergrund. Ein paar Jahre als Kajaklehrer brachten neue Einsichten in den weiten Bereich des Wildwassersports, da kam Nealy's KAJAK gerade recht: »So deutlich zeigt's keiner, dabei mit soviel Witz bei allem Ernst«.*

Informationen:
TV „Die Naturfreunde"
Bundesgruppe Deutschland e.V.
Postfach 60 04 41,
7000 Stuttgart 60
Für Landesverband Bayern:
Manfred Memmert,
Giselherstr. 2
8501 Schwarzenbruck

„Die Naturfreunde" seit 1895 für die Erhaltung der natürlichen Lebensgrundlagen.
Im Bemühen um Sicherheit im Kanusport seit 25 Jahren Ausbildung von Kanusportlehrwarten.
Erlebnisse im Kreise Gleichgesinnter.
Aus- und Fortbildungslehrgänge; Intensivlehrgänge für Kanusportler, Betreuung in Kleingruppen.
Außerdem: Wandern, Bergsteigen, Wintersport, Foto, u.v.a.m.

natur freunde kanu

KANUFÜHRER
Pollner Verlag

Kanuführer Französische Alpen
– Auf wilden Wassern –

von Jean Magdinier und Sven Grimpe
200 Seiten, Fadenheftung, 44 Farb- und 55 Schwarzweiß-Fotos, 6 Cartoons, DM 45,--

Jean Magdinier, ein mit allen französischen Wildwassern gewaschener Kanute, und Sven Grimpe haben zusammen einen Wildwasserführer über dieses faszinierende, an landschaftlichen Höhepunkten reiche Wildwassergebiet geschrieben. 61 Wildwasserflüsse werden mit kurzem Text und einer Lageskizze sowie Angaben über Streckenlänge und Schwierigkeiten vorgestellt. Das Besondere dieses Führers sind die 99 Bilder, davon 44 in Farbe. Die Fotos vermitteln fast durchwegs die hinreißende Stimmung, wie sie die Flußlandschaften der Provence oder des Dauphiné ausstrahlen. Ob das nun Bilder der Bonne, des Esteron, der Durance, des Artuby oder der Bevera sind – Charakter und Atmosphäre der Wildflüsse kommen in den Fotos so intensiv zum Ausdruck, daß man sich unmittelbar in die Geräusch- und Geruchswelt der Schluchten und Klammen hineinversetzt fühlt.
Abgerundet wird dieser Führer mit sechs Cartoons von Rainer Kiek, der die Erlebnisse und Neuheiten aus der Kanuszene mit spitzem Stift festhält.
Für die PE-Bootfahrer von heute wird der bebilderte Bericht von Walter Frenz über die Erstbefahrung der Verdon-Schlucht 1932 im Faltboot eine interessante Bereicherung sein.

Pollner Verlag

Rotdornstraße 7
8042 Oberschleißheim

Durch Österreichs Schluchten
Kajakfahrten und Wanderungen

Von Prof. Hans Matz Preis: 39,--

In seinem neuesten Buch führt Prof. Hans Matz seine Leser in die romantische und geheimnisvolle Welt der Schluchten Österreichs. Der Bogen der vorgestellten Klammen und Schluchten spannt sich dabei von kleinen Felsengen im Bregenzer Wald über die figurenreichen Alpenschluchten Tirols bis zu den versteckten Flußklammen Kärntens und der Voralpen. Die trotz ihrer Sachbezogenheit anregenden und fesselnden Beschreibungen vermitteln dem Leser neue Eindrücke aus verborgenen Landschaftsteilen der Alpen und eröffnen ihm bisher wenig bekannte Erlebnisbereiche. Der Verfasser schildert nicht nur Kajakfahrten durch tief eingeschnittene Täler und enge Felsklammen, sondern er zeigt auch dem Fußgänger den Weg durch die Schluchten über Stege, Galerien und Leitertreppen. Begleitet werden die informativen Darstellungen von aussagekräftigen Bildern, die Naturell und Eigenart jeder Klamm oder Schlucht aus attraktiven Blickwinkeln präsentieren.
Aus den mehr als 300 nennenswerten Klammen und Schluchten in Österreich hat der Verfasser 65 ausgesucht. Dabei wurden neben großen Alpinschluchten vor allem jene Felsklammen in das Buch aufgenommen, die durch ihre Schönheit, ihre ökologische Unversehrtheit und ihre Schutzwürdigkeit das besondere Interesse sowohl der Kajakfahrer als auch der Wanderer verdienen.
Orientierungsskizzen, Kartenangaben und zusammengefaßte Kurzhinweise bieten neben einem alphabetischen Verzeichnis der Schluchten die notwendige Übersicht und Umrißinformation.

Marokko
Zu Fuß, mit Fahrrad und Boot

Von Franz und Marlen Riegel
200 Seiten, 21 x 14 cm, Fadenheftung, 110 einfarbige Abbildungen, zahlreiche Kartenskizzen, Preis DM 38,--

Dieser Reiseführer ist für Abenteurer, die sich abseits der Touristenströme bewegen, gedacht. Oder wissen Sie, wie man mit öffentlichen Verkehrsmitteln reist, Marokkaner richtig begrüßt und richtig mit den Fingern ißt?
Im Tourenteil werden 22 Flüsse mit ca. 1 000 km Wildwasser beschrieben.
Für Radfahrer sind zwei schöne Mountainbike-Touren und eine Straßenstrecke aufgezeichnet.
Eine Durchquerung des Hohen Atlas ist für den Wanderer beschrieben.

Der Hadernkahn
Geschichte des Faltbootes
Von Ursula u. Christian Altenhofer
200 Seiten, 20 x 22 cm, Fadenheftung, 175 Schwarzweiß-Aufnahmen und 103 Grafiken, Preis 38,-- DM

Der „Held“ dieses Buches ist das Faltboot, ein genial erdachtes Sportgerät, das zahllosen naturnahen Menschen außergewöhnliche Erlebnisse auf stillen und auf wilden Wassern erschloß.
Das Buch berichtet von großen Wanderfahrten und vom Freiluftleben an (damals noch sauberen) romantischen Flüssen, an großen Strömen und in den unberührten Schluchten Europas. Es erzählt von Erstbefahrungen reißender Wildflüsse, von kühnen Faltboot-Expeditionen in Übersee, von raffinierten Bootskonstruktionen und mutigen Männern, die nicht vergessen werden sollten.
Die große Zeit des Faltboots fiel in die eineinhalb Jahrzehnte vor dem Zweiten Weltkrieg. Das „Faltbootfahren“ war eine populäre Sportart, deren Anhängern bewundernswerte Leistungen gelangen. Sie sind auf hervorragenden Fotos dokumentiert, die in Pappkartons und vergilbten Fotoalben freundlicher alter Damen und Herren vergraben sind, und bei „Erbfällen“ unbeachtet im Sperrmüll zu verschwinden drohen.
Mit unendlicher Geduld haben Ursula und Christian Altenhofer dieses Material gesichtet und gesammelt, bis es ihnen schließlich gelang, die Entwicklung des Faltbootsportes von seinen Anfängen, etwa um die Jahrhundertwende, bis hinein in die späten fünfziger Jahre zu dokumentieren und darzustellen.
Das Ergebnis ist diese reich illustrierte Geschichte des „Hadernkahns“ und seiner immer perfekteren Nachfolger, ein Versuch, drei Generationen von „Faltbootfahrern“ und eine faszinierende Sportbewegung in einem „baldverlorenen Paradies“ (H. Rittlinger) vor der Vergessenheit zu bewahren.

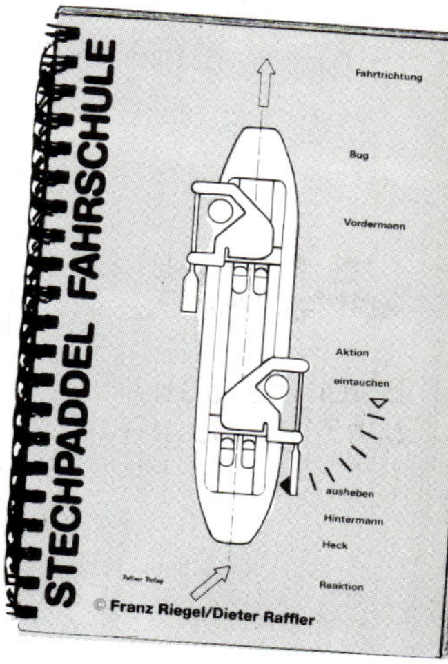

Stechpaddelfahrschule
Von Franz Riegel und Dieter Raffler
18 Seiten, 18 x 12 cm, Ringheftung, Preis 12,80 DM

Schlauchboote
Ausrüstung, Paddeltechnik, Wildwasser
Von Franz Riegel u. Dieter Raffler
106 Seiten, 29,7 x 21 cm, Fadenheftung,20 farbige Aufnahmen u. 62 Zeichnungen, Preis 38,-- DM

Das Buch befaßt sich mit den Grundlagen des Schlauchbootfahrens. Es beschreibt, für welche Zwecke die unterschiedlichen Schlauchboottypen am besten geeignet sind. Die vielfältige Paddel- und Rudertechnik im Wildwasser werden in Wort und Bild ausführlich dargestellt. Im Ausrüstungsteil werden die notwendigen Ausrüstungsgegenstände genau beschrieben. Besonders faszinierend für den Schlauchbootfahrer ist das Wildwasser. Dieses wird durch 20 farbige Aufnahmen herausgestellt. Ebenso wichtig ist, daß auf die speziellen Gefahren des Wildwassers genau eingegangen wird, wie z.B. Gefahren bei Wehren, Anwendung der Rettungsleine und Bootsbergung. Dieses Buch soll Ihnen helfen, den faszinierenden Sport des Schlauchbootfahrens sicher auszuüben.

Neu mit 20 Flußbeschreibungen

Wildwasserkalender
12 brillante Farbbilder aus dem breiten Spektrum der Wildwasserszene begleiten Sie mit diesem Kalender durch's Jahr. Auf den Rückseiten befinden sich exakte Beschreibungen der abgebildeten Flüsse.

Neuerscheinungen Frühjahr 1993
Pollner Verlag
Das baldverlorene Paradies,
Herbert Rittlinger
Kanuführer Schleswig-Holstein
Lustige Schi-Tips von *William Nealy*

„Lustige Mountainbike-Tips“
von William Nealy
128 Seiten, 18,-- DM

Der Cartoonspezialist William Nealy hat mit spitzem Zeichenstift seine über zehnjährigen Biker-Erlebnisse aufgespießt. Seine ironische Situationskomik stellt mögliche Tücken des Bikerlebens treffend dar. Die knappen aber präzisen Erläuterungen ergänzen die Skizzen, so daß das ganze „Mountainbiker-Dasein“, wie zum Beispiel die harte Schule des Schaltens, die gute Abfahrtshaltung, Bike-Anatomie, Hundeabwehr, „Wheelie“-Drehungen, Baumspringen usw. voll rüber kommt.
Für den Leser sicher ein Lach- und Lernerfolg, um im ganz normalen „Biker-Wahnsinn“ zu bestehen.

Kajakfahrten zwischen Donau und Inn
Von Peter Dinter
280 Seiten, 20 x 22 cm, Fadenheftung, 92 Farb- u. 22 Schwarzweiß-Aufnahmen, 69 Flußskizzen, Preis 54,-- DM

Hinter diesem wenig aufreißerischen Titel verbirgt sich ein neuer und in seiner Aufmachung bislang einzigartiger Wildwasserführer für das Engadin, Tirol, Oberbayern und den Bayerischen Wald. Es ist ein Buch, das mehr bietet als nur nüchterne Beschreibungen einzelner Flüsse. Neben den kurzen und auf das wesentliche beschränkten Flußbeschreibungen mit Kurzhinweisen und übersichtlichen Kartenskizzen findet man weitaus mehr.
Da wird zum Beispiel über spannende Erstbefahrungen berichtet. Der Bericht von der Erstbefahrung der Achstürze durch Gregor Otto fehlt natürlich genauso wenig wie Sepp Strohmeiers Report über seinen „Erstling“ durch die Rißbachklamm.

Die 50 schönsten Biketrails im Karwendel-, Rofan- und Mangfallgebirge
von Peter Dinter, mit kartographischen Karten, 16 Farbseiten und Tourenblatt zum Mitnehmen, Preis: 45,-- DM

Ob gemütliche Sonntagstouren oder rassige Mehrtagesfahrten – der Anfänger wie auch der Bikespezialist findet eine Vielzahl von Tourenanregungen nach seinem Geschmack. Zu jeder der exakten Beschreibungen mit genauen Kilometerangaben finden Sie ein Höhenprofil, das die Steigungen der Strecke aufzeigt. Bei Ihrer Biketour nehmen Sie nur das beiliegende Tourenblatt mit, das alle Angaben der Strecke enthält. Die gelungenen Farbbilder zeigen die Schönheiten der Biketrails.

Flußführer in englischer Sprache
Betty Pratt-Johnson hat die Flüsse ihrer Heimat in 3 Bänden beschrieben. Die ausführlichen Beschreibungen werden mit Kartenskizzen und Wasserprofilangaben ergänzt. Dazu finden Sie Angaben ob der Fluß mit Kajak, Kanadier oder Raft zu befahren ist.

1. Band	**Whitewater Trips** for Kayakers, Canoeists and Rafters on **Vancouver Island**	29,-- DM
2. Band	**Whitewater Trips** for Kayakers, Canoeists and Rafters in **British Columbia**	35,-- DM
3. Band	**Whitewater Trips** and Hot Springs in the **Kootenays of British Columbia** for Kayakers, Canoeists and Rafters	35,-- DM

AKC TIP

Wie lang muß ein Kajak sein?
Ist die Loisach schon Wildwasser?
Schalten die Tiroler nachts ihre Wasserfälle ab?
Ist ein 10-Meter-Abfall eine Gefällestufe, ein Absatz, Sprungbrett oder was?
Was macht Sir Henry im Winter?
Können die AKC-ler auch was anderes, ausser Bootfahren?
Was ist IN und OUT im Kanusport?
Wieviel Wasser braucht der **Mensch**?

ERSTE ÖSTERREICHISCHE

KAJAK - SPORTSCHULE - KLAUS

Erste Österreichische Kajak - Schule KLAUS

WASSER IST UNSER ELEMENT

KAJAKFAHREN

ein faszinierender Sport,
eine gesunde abwechslungsreiche Freizeitgestaltung.

Die erste österreichische Kajakschule bietet Wasserratten (Mindestalter 10 Jahre) die Möglichkeit, in die Geheimnisse dieser Sportart eingeweiht zu werden.

Unberührte Natur und kristallklares Wasser der Steyr, Teichl, Salza und Enns machen das Ausbildungsprogramm für Anfänger-, Fortgeschrittenen- und Perfektionskurse zu einem unvergeßlichen Erlebnis.

Spaß, Abenteuer und Spannung – ohne Streß – mit geprüften Kajaklehrern!

Kurse durchgehend von Mai bis September

SCHIFFAHRTS UND FREMDENVERKEHRS GESELLSCHAFT KLAUS

Anfragen: Kajakschule Klaus
A–4564 Klaus, Ramsau 210
Telefon 075 85 / 310

Fordern Sie unseren Spezialprospekt an.

Menasha Ridge Press

Other Menasha Ridge Press Books

A Hiking Guide to the Trails of Florida, Elizabeth F. Carter

The Squirt Book: The Manual of Squirt Kayaking Technique, James E. Snyder, illustrated by W. Nealy

Chattooga River Flip Map (Section IV), Ron Rathnow

Nantahala River Flip Map, Ron Rathnow

New River Flip Map, Ron Rathnow

Ocoee River Flip Map, Ron Rathnow

Youghiogheny River Flip Map, Ron Rathnow

Kayak: The Animated Manual of Intermediate and Advanced Whitewater Technique, William Nealy

Kayaks to Hell, William Nealy

Whitewater Home Companion, Southeastern Rivers, Volume I, William Nealy

Whitewater Home Companion, Southeastern Rivers, Volume II, William Nealy

Whitewater Tales of Terror, William Nealy

Carolina Whitewater: A Canoeist's Guide to the Western Carolinas, Bob Benner

A Paddler's Guide to Eastern North Carolina, Bob Benner and Tom McCloud

Wildwater West Virginia, Volume I, The Northern Streams, Paul Davidson, Ward Eister, and Dirk Davidson

Wildwater West Virginia, Volume II, The Southern Streams, Paul Davidson, Ward Eister, and Dirk Davidson

A Canoeing and Kayaking Guide to the Streams of Florida, Volume I, North Central Peninsula and Panhandle, Elizabeth F. Carter and John L. Pearce

A Canoeing and Kayaking Guide to the Streams of Florida, Volume II, Central and South Peninsula, Lou Glaros and Doug Sphar

Appalachian Whitewater, Volume I, The Southern Mountains, Bob Sehlinger, Don Otey, Bob Benner, William Nealy, and Bob Lantz

Appalachian Whitewater, Volume II, The Central Mountains, Ed Grove, Bill Kirby, Charles Walbridge, Ward Eister, Paul Davidson, and Dirk Davidson

Appalachian Whitewater, Volume III, The Northern Mountains, John Connelly and John Porterfield

Northern Georgia Canoeing, Bob Sehlinger and Don Otey

Southern Georgia Canoeing, Bob Sehlinger and Don Otey

A Canoeing and Kayaking Guide to the Streams of Kentucky, Bob Sehlinger

A Canoeing and Kayaking Guide to the Streams of Ohio, Volume I, Richard Combs and Stephen E. Gillen

A Canoeing and Kayaking Guide to the Streams of Ohio, Volume II, Richard Combs and Stephen E. Gillen

Der Brustgurt als stabiler Fixpunkt beim passiven Rettungseinsatz.

Große Taschen bieten Platz für Rettungsgerät und Survivalausrüstung auf Expeditionen.

Eine moderne Wildwasserweste hilft nicht nur beim Schwimmen, sie dämpft Stöße, schützt vor Wärmeverlust und hat einen integrierten Bergegurt. Eine gute Paßform sorgt für sicheren Sitz und genügend Bewegungsfreiheit. Der weiche Auftriebsschaum ist recht empfindlich, daher Westen nicht länger als unbedingt nötig drücken, also z.B. nicht im engen Transportsack lagern. Eine Weste mit sehr viel Auftrieb ist angenehm beim Schwimmen, das Volumen kann aber beim Eskimotieren hinderlich sein. Ebenso wichtig wie die Funktion ist, daß die Weste paßt und gefällt.

Einhängen am Brustgurt zum aktiven Rettungseinsatz; Auslösen durch Öffnen der Verschlußklemme vorne. Schnelles Einhängen ohne Verrenkungen mit dem T- Cowtail.

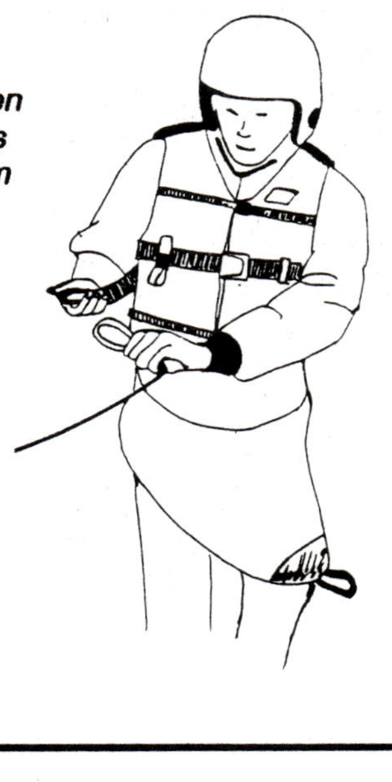